アナキズム運動機関紙誌リスト
[1912-2012年]

冨板 敦 編著
TOMIITA Atsushi

ぱる出版

装幀――――宮川亜加里

本書について

　本書は「日本アナキズム運動」に関連する100余年にわたる機関紙誌のリストである。アナキストまたはアナキズム運動の機関紙誌・個人紙誌をまとめたのみではなく，アナキズム運動史に関連した（＝直接・間接に影響を与えた）機関紙誌を幅広く収録している。

　第1部は大杉栄・荒畑寒村による『近代思想』創刊（1912年）から日本敗戦（1945年）まで，第2部は1945年から2012年までとした。

　第1部（1912-1945）は，『日本アナキズム運動人名事典』（ぱる出版2004年）に付した「アナキズム運動史関連　機関誌紙リスト一覧（1912-1940）」の三訂版である（『増補改訂日本アナキズム運動人名事典』〈ぱる出版2019年刊〉のリストが二訂版）。第2部のうち1945年-1968年は『増補改訂日本アナキズム運動人名事典』（ぱる出版2019年）に付した「同リスト（1945-1968）」が初出で，本書が二訂版である。1969年-2012年は，本書が初公開となる。

資料協力：アナキズム文献センター

目　　次

アナキズム運動 機関紙誌リスト
(1912-1945)

＊アナキストを中心としたアンソロジー詩集は収録した。また1942年以降は翼賛体制下となる
ため除外した。

＊記載事項は，以下の通り。

紙・誌名称	結社名(地名)	創・終刊月日	発行・編集・印刷人名/参加者名	備　考

＊創・終刊月日は，各々を⇩で結び期間を表示した。

途中号のみで創・終刊月日が確認されない場合は｜で表示した。また，ある号数しか確認で
きない場合は月日の後に号数を(　)内に示した。

＊発行人→発，編集人→編，印刷人→印，と略し，／以下は参加，執筆者などを列記した。

＊備考欄には，全号数，最終号，改題などの特記事項，復刻版，その他を記載した。

＊朝鮮・中国・台湾の地名については，現在の地名にて表記した。

1912年以前には，『万朝報』(1892.11.1-1940.10.1)，旬刊『平民之友』(1896.2.18-1897.10.8,46号)，『労
働世界』(1897.12.1-1903.2.23)，『牟妻新報』(1900.4.22-1925.4.20)，『社会主義』(『労働世界』後継紙，
1903.3.3-1904.12.3)，『家庭雑誌』(1903.4.3-1909.7.1,56号)，週刊『平民新聞』(1903.11.15-1905.1.29,64
号)，『直言』(1904.1.5創刊，第2巻第1号の1905.2.5から9.10(第32号)までが，週刊『平民新聞』発禁後
の後継紙)，『火鞭』(1905.9.10-1906.5.10,9号)，『民報』(中国同盟会，東京で創刊。1905.11.26-
1910.10)，『新紀元』(1905.11.10-1906.11.10,13号)，『光』(1905.11.20-1906.12.25,31号)，『社会主義研
究』(1906.3.15-8.1,5号)，『革命評論』(1906.9.5-1907.3.25,10号)，『熊本評論』(1907.6.20-1908.9.20,31
号)，『平民評論』(1909.3.10,1号)，『世界婦人』(1907.1.1-1909.7.5,38号)，日刊『平民新聞』(1907.1.15-
4.14,75号)，『日本平民新聞』(1907.6.1-1908.5.5,23号＋号外。『大阪平民新聞』の1-10号を含む)，『社
会新聞』(1907.6.2-1911.8.3,80号)，『天義』(中国。劉師培，何震。実際の印刷は，通信所の東京・牛
込。1907.6.10-1908春,19号)，『新世紀』(中国。李石曾，呉稚暉ら，パリで刊行。1907.6.20-1910.5)，
『欧友』(1907.9-1908.6,10号。改題し『欧工の友』1908.7-)，『東京社会新聞』(1908.3.15-9.15,15号)，『衡
報』(中国。劉師培ら。1908.4.28-10月,11号，日本で発刊)，『東北評論』(1908.5.1-10.1,4号)，『自由思
想』(1909.5.25-6.10,2号)，『青鞜』(1911.9.1-1916.2.1,52号)，『極東』(6-24号，1912)などがみられる。

1912（大正元）年

紙・誌名称	結社名（地名）	創・終刊月日	発行・編集・印刷人名/参加者名	備　考
水　脈	水脈社	2月	湧島義博/〈同人〉村上吉蔵，間島惣兵衛，橋浦泰雄，山本勇	『回覧』を改題
婦人評論	朝報社のち婦人評論社（東京）	9月15日 ⇩ 1914年11月	黒岩涙香，田村俊子，野上弥生子	3巻22号。半月刊
近代思想 1次	近代思想社（東京・大久保）	10月1日 ⇩ 1914年9月 1日	編・発・大杉栄，印・荒畑勝三	23冊（2巻11・12号）終刊号は23・24合併号〈復刻〉黒色戦線社1982，不二出版1982
友愛新報	友愛会（東京）	11月3日 ⇩ 1914年10月 15日		38号。終刊後11月『労働及産業』に改題〈復刻〉柏書房1964
創　世		12月	小田頼造，高田集蔵	

1913（大正2）年

うきよ	楽下社	6月（4号） ｜ 1928年4月		195号
晦鳴録（一名平民之声）	晦鳴学舎（中国・広州）	8月20日 ⇩ 8月27日	師復，鄭彼岸，鄭佩剛，林君復	2号。3号（12月20日）から『民声』と改題 エス語表題「La Voĉo de l' Popolo」〈復刻〉『民聲』朋友書店1992
生活と芸術	東雲堂書店（東京）	9月1日 ⇩ 1916年6月（3巻10号）	編・発・西村辰五郎（陽吉）/土岐哀果（善麿）	34号。月刊〈復刻〉明治文献資料刊行会1965-67
第三帝国	第三帝国社（東京）	10月10日 ⇩ 1918年9月	発・編・石田友治，茅原華山	99号。途中，半月刊に変更。1914年10月から旬刊 途中『新理想主義』，再度『第三帝国』と改題。『文化運動』へ継承〈復刻〉不二出版1983
民　声 1期	東京民声社出版（中国・マカオ のち上海）	12月20日（3号） ⇩ 1914年8月9日（22号）	師復，鄭彼岸，鄭佩剛，林君復	20号。民声1期は『晦鳴録』2号を含む全22号 エス語表題「LA VOĈO DE LA POPOLO」〈復刻〉朋友書店1992
黎　明	黎明社（京都）	この年		

1914(大正3)年

へちまの花	売文社 (東京)	1月27日 ⇩ 1915年8月 1日	編・発・堺利彦(1-19号), 印・百瀬晋(1-2号), 相坂佶(3号), 堺為子(4-19号)	19号。のち『新社会』と改題 〈復刻〉近代文学資料保存会1962, 不二出版1984
青テーブル	青テーブル社 (東雲堂書店)	3月 ⇩ 1916年7月	発・黒田光太郎/西村陽吉	3巻5号
正声	(ラングーン)	5月?	発・梁冰絃	6号
へいみん	ウエダヤ薬局 (京都)	7月5日 ⇩ 1915年6月	発・主筆・編・上田蟻善(矢張園人)印・高田重之祐/岩崎革也, 吉見二郎, 森下八三雄	2巻4号で休刊
まめの花	曙光社(山口)	7月		2号確認
平民新聞	平民社 (東京・大久保 百人町)	10月15日 ⇩ 1915年3月 15日	発・荒畑勝三, 編・印・大杉栄	6号。月刊 〈復刻〉黒色戦線社1982
微光	微光社 (東京・ 小石川)	10月20日 ⇩ 1915年6月 20日	発・編・臼倉甲子造, 印・渡辺政太郎	9号 〈復刻〉日本社会運動史研究会1966
労働及産業	友愛会 (東京)	11月1日 ⇩ 1919年12月	編・坂本正雄/平沢計七	62号。『友愛新報』の改題後継紙(39-100号)。1920年1月号より『労働』と改題 〈復刻〉法政大学出版局1969-78
人生と芸術	人生と芸術社 (名古屋)	この年	小笠原久雄	
へいみん	(埼玉)	この年?	臼倉甲子造	

1915(大正4)年

卓上噴水	人魚詩社 (金沢)	3月7日 ⇩ 5月	編・発・室生犀星/萩原朔太郎, 山村暮鳥	3号 〈復刻〉冬至書房1959
ARS	阿蘭陀書房 (東京)	4月1日 ⇩ 10月	編・北原隆吉, 発・北原鉄雄, 印・浅野栄作	7号。月刊 〈復刻〉日本近代文学館1970
解放	解放社 (横浜)	4月 ⇩ 6月	発・中村勇次郎/板谷治平(漂葉), 伊藤公敬	3号

（1915年）

民　声 2期	東京民声雑誌 社出版 （上海）	5月5日（23号） ⇩ 1916年11月 28日（29号）	鄭佩剛	7号 〈復刻〉朋友書店1992
煙	煙倶楽部 （大阪）	5月	横田涼治郎/若松藤蔵，河野通 夫，森下八三雄	1号のみ
薄い髭		5月 ⇩ 7月	小池透	3号で発禁
足　跡	足跡社 （函館）	6月 ⇩ 1916年2月	発・久保田重尾（鬼平）	6号
労働者	労働社 （東京）	7月8日 （2号）	編・発・印・吉川守邦	
労働新聞	友愛会 （東京）	8月		友愛会機関紙『労働及産 業』付録
科学と文芸	交響社 （東京）	9月1日 ⇩ 1918年8月	発・編・加藤一夫（1-25号），河 本亀之助（26-31号），卜部楢男 （32-33号）	33号。途中1916年第2巻 11-12号，1917年第3巻1号 の3冊のみ『近代思潮』と 改題 〈復刻〉不二出版1987
新社会	売文社のち由 分社，世民社， 売文社，売文 社出版部，新 社会社，平民 大学（東京）	9月1日 （2巻1号） ⇩ 1920年1月1日	編・発・堺利彦，印・堺為子（2巻 1号-3巻12号），編・発・荒畑勝 三（4巻1号-6号），高畠素之（4 巻8号-5巻7号），印・吉川守邦 （4巻1号-5巻7号），編・発・印・ 松浦長治（6巻1号-7号）	50号。『へちまの花』改題 のち『新社会評論』と改題 〈復刻〉不二出版1982
青年雑誌	（中国・上海）	9月15日 ⇩ 1926年7月	陳独秀	翌年『新青年』と改題
近代思想 2次	近代思想社 （東京・調布 のち神奈川・ 逗子）	10月7日 ⇩ 1916年1月1日	発・宮嶋信泰（資夫），編・大杉 栄，印・荒畑勝三（1-3号），発・ 大杉栄，編・荒畑勝三，印・百 瀬晋（4号）	4号 〈復刻〉黒色戦線社1982， 不二出版1982
婦人週報	婦人週報社 （東京）	11月5日 ⇩ 1919年7月 11日 （5巻27号）	発・小橋三図子	188号（1-8号は新聞版，そ の後は雑誌版） 〈復刻〉大空社1994-95
緑　幟	緑幟社 （中国・常熟）	この年	発・胡之	

1916（大正5）年

貧しき者	貧しき者社の ち同発行所 （東京）	1月 ⇩ 1920年8月	岸田劉生，木村荘八，中川一 政，柏木俊一，のち武者小路 実篤らが協力	11号？ 草土社機関誌『ヒ ュウザン』『生活〈LAV- IE〉』などの後継誌的位置
平 明	平明社	1月	編・五十里幸太郎，発・印・田戸 正春	1号 2号から『世界人』と改題
世界人	平明社のち世 界人社 （東京）	2月10日(2号) ⇩ 5月5日(4号)	発・五十里馬太郎，編・五十里 幸太郎，印・田戸正春(2号)， 発・編・五十里幸太郎，印・荒川 義英(3-4号)	3号（通号4号） 『平明』を改題 表紙に「COSMOPOLI- TAN」とあり
地 上	地上社 （東京）	2月	西原和治／宮崎安右衛門が 1917年2月(2巻2号)に参加	1920年11月『兄弟通信』に 後継。表紙絵・望月桂
労働組合		4月	編集主任・荒畑寒村	『新社会』臨時増刊
感 情	感情詩社 （東京）	6月 ⇩ 1919年11月	室生犀星，萩原朔太郎，山村 暮鳥，恩地孝四郎	32号 〈復刻〉冬至書房新社1979
友愛婦人	友愛会・ 婦人部	8月1日 ⇩ 1918年6月		3巻6号。機関紙 〈復刻〉法政大学出版局 1978-80
トルストイ 研究	新潮社 （東京）	9月1日 ⇩ 1919年1月	編・佐藤義亮／加藤武雄，石田 三治，本間久雄，阿部次郎，昇 曙夢，加藤一夫，加藤朝鳥，江 渡狄嶺	29号。月刊
平民医学	生活社（東京）	9月	発・編・加藤時次郎	『生活の力』付録
工場生活	職工組合期成 同志会(大阪)	9月 ⇩ 1917年6月	堂前孫三郎，坂本幸三郎，佐 野禎蔵	2巻4号
労働青年	労働青年社 （東京・小石川 のち本郷区・ 下谷区）	10月25日 ⇩ 1917年11月 15日	編・発・久板卯之助，印・渡辺政 太郎(1-6号)，久板卯之助(7 号)／中村還一，五十里幸太郎， 望月桂，岡野辰之助，和田久 太郎，山川均，江渡狄嶺，小原 慎三，宮崎安右衛門	7号(2巻6号) 表紙に「THE YOUNG WORKERS」とあり 〈復刻〉緑蔭書房1990
塵 労	塵労社(東京)	10月 ⇩ 11月1日	編・発・西村準一，印・矢部三代 雄	月刊 純文学雑誌

1917（大正6）年

漫 画	漫画社 （東京）	1月 ⇩ 10月	発・編・本間国雄／岡本一平，近 藤浩一路	10号。月刊

民声社紀事録	（中国・上海）	4月1日 ⇩	鄭佩剛	3号。『民声』中断中に発行 エス語表題「Bulteno de La vôco de la Popolo」 〈復刻〉朋友書店1992
社会改良	社会改良社 （東京）	5月15日 ⇩ 1918年6月	鈴木文治，野坂鉄，河田嗣郎	14号 〈復刻〉法政大学出版局1977
実社自由録	実社 （北京）	7月 ⇩ 1918年5月	趙太侔，袁振英，黄凌霜，区声白，華林	2号
黒　瞳	黒瞳詩社	8月20日 ⇩ 12月1日（4号）	編・発・安成二郎	
新進詩人	新進詩人社 （東京）	8月（6号） | 1930年5月	発・正富汪洋／編・井上猛一（のちの岡本文弥）	13巻8号
褐　衣	（小田原）	9月15日 ⇩ 10月15日 （2号）	編・発・宮崎安右衛門	個人紙。活版
先駆者	血笑社 （横浜）	10月 ⇩ 1918年10月	発・中村勇次郎／伊藤公敬，板谷治平，小池潔	3号 3号は『ゴシップ』と改題
MAZUSHIKI HIKARI （貧しき光）	（沖縄）	12月 ⇩ 1918年2月	宮城繁徳，城田徳明，座安盛徳	3号 謄写版
美なみ新聞	（大阪）	この年	発・岩出金次郎	19号。地域紙。のち『日本労働新聞』と改題
人　群	群社 （中国・南京）	この年	発・楊志道	

1918（大正7）年

文明批評	文明批評社 （東京・巣鴨）	1月1日 ⇩ 4月1日	編・発・大杉栄，印・伊藤野枝	3号 〈復刻〉大正労働文学研究会1980，不二出版1986
民　衆	民衆社 （小田原）	1月1日 ⇩ 1921年1月	発・編・福田正夫（1-4号），井上康文（5号-）／加藤一夫	16号 〈復刻〉明治文献1968
新　生		1月	萩原恭次郎，角田蒼穂	3号 同人誌

現代詩歌 1次	曙光詩社 （東京）	2月 ⇩ 1921年2月 （4巻1号）	発・編・川路誠(柳虹)，印・神山雄吉	『炬火』へ継承
労　働	（中国・上海）	3月20日	発・梁冰絃，劉石心	5号。以後発禁
青　服	（東京）	3月 ⇩ 7月	荒畑寒村，山川均〈以上主幹〉/近藤憲二	4号
信　友	活版印刷工組合信友会のち日本印刷工組合信友会	3月 ⇩ 1923年3月	発・編・印・立田泰	76号 1923年6月『正進』と合同，『印刷工連合』となる
労働新聞	労働新聞社 （東京・亀戸）	5月1日 ⇩ 8月1日	編・印・和田久太郎，発・久板卯之助/大杉栄，野上行雄，土岐哀果，有島武郎，荒畑寒村，山路信	4号
あざみ	あざみ社	5月 ⇩ 9月	発・堀保子/小口みち，山田わか，堺利彦，久津見蕨村	4号
暮　笛	（静岡）	6月 ⇩ 1919年末?	主宰・庄直兄(矢島歓一)/南舟三(小浜邦路)，小野庵保蔵(5・6号から参加)	
民衆の芸術	庶民社のち民衆の芸術社 （東京）	7月10日 ⇩ 11月1日	編・発・大石七分，印・市川保(1-2号)，川崎佐吉(3-4号)，渡辺市太郎(5号)/奥栄一，永田衡吉，西村陽吉，下村悦雄，大杉栄	5号
新神戸	友愛会鉄工部神戸連合会	8月22日 ⇩ 1919年2月20日	発・編・久留弘三〈主幹〉	8号 1919年『労働者新聞』と改題
平　民	（シカゴ）	この年	片山潜〈主幹〉	
太　平	平社 （中国・山西・太原）	この年	発・尉克水	
人形の群	（大阪）	この年頃	多田文三，山崎謙二郎	短歌誌

1919（大正8）年

社会問題研究	弘文堂書房 （京都ほか）	1月20日 ⇩ 1930年10月	河上肇	106号。月刊 個人雑誌 〈復刻〉社会思想社1974-75
進　化	進化社 （中国・北京）	1月20日 ⇩ 3月	黄凌霜，楊志道，尉克水，華林，区声白	3号は「師復記念号」

(1919年)

我　等	我等社 （東京）	2月11日 ⇩ 1930年3月	長谷川如是閑／大山郁夫〈主幹〉	128号。月刊 〈復刻〉法政大学出版局 1983-84
日本労働新聞	日本労働新聞社　（大阪）	3月1日 （20号） ⇩ 1921年6月 10日（47号）	編・印・発・岩出金次郎（20-34号，ただし編集実務は橋浦時雄〈20-24号〉，和田信義〈25-34号〉），荒畑勝三（35-47号）	28号。月刊 地域紙『美なみ新聞』を20号から改題・後継紙 〈復刻〉不二出版1983
黒　煙	黒煙社（東京）	3月1日 ⇩ 1920年2月 （2巻2号）	編・藤井真澄／坪田譲治，小川未明	〈復刻〉近代文学資料保存会1963，不二出版1992
労働文学	東半球社のち交響社 （東京）	3月1日 ⇩ 7月1日	発・編・宇佐美文蔵，印・宮田亀六／加藤一夫	5号 〈復刻〉不二出版1989
デモクラシイ	新人会デモクラシイ発行所 （東京）	3月6日 ⇩ 12月1日	発・編・信定滝太郎（1-7号），新明正道（8号），印・岡本佐俊	8号。1920年2月『先駆』と改題。同年10月『同胞』，さらに1921年7月『ナロウド』（-1922年4月）と改題 〈復刻〉法政大学出版局1969
労働者新聞	労働者新聞社 （大阪）	3月15日 ⇩ 1925年12月 17日	発・編・印・賀川豊彦	142号。『新神戸』の改題 〈復刻〉日新書房1969
資本と労働		3月 ⇩ 4月	発・編・印・黒瀬春吉	2号。月刊
国家社会主義	売文社出版部 （東京）	4月1日 ⇩ 8月1日	編・高畠素之，発・印・北原龍雄／茂木久平，尾崎士郎	4号 表紙に「THE NATIONAL SOCIALISM」とあり 〈復刻〉不二出版1984
社会主義研究	平民大学のち社会主義研究会　（東京）	4月20日 ⇩ 1923年3月1日	堺利彦，山川均〈主幹〉	48号。月刊
解　放 1次	大鎧社のち解放社 （東京）	6月1日 ⇩ 1923年9月 （5巻9号）		月刊。『社会主義研究』へ継承 〈マイクロ版〉八木書店1982
大阪鉄工組合・機関紙		6月		
横浜労働新聞	横浜労働新聞社　（横浜）	7月 ⇩ 12月	主幹・吉田只次（2号発行人）／住谷燦次郎／大杉栄，荒畑寒村，山川均	2号。月刊。横浜労働運動同盟会機関誌

革進会々報	革進会（東京）	8月1日		1号
民 風	（中国・広州）	8月初頃	梁冰弦, 区声白	週刊。日刊『民風』の後継
労働社会		8月	福田秀一〈主幹〉	
技 工	大日本機械技工組合	9月25日 ⇩ 1920年12月20日（2巻1号）		
労働運動 1次	労働運動社（東京・小石川）	10月6日 ⇩ 1920年6月1日	発・編・印・近藤憲二, 主幹・大杉栄	6号。月刊 4号表紙に「THE LABOUR MOVEMENT」とあり 〈復刻〉黒色戦線社1973（1次-4次完全復刻）
Verda Ombro（緑陰）	（台湾）	10月 ⇩ 1924年まで	発・蘇壁輝／連温卿	月刊
労働運動	皇国労働会	10月		2号から『皇国労働新聞』に改題
週刊労働新聞	週刊労働新聞社（東京）	10月か11月 ⇩ 11月	小栗慶太郎／北原竜雄	2号
工 学	工学会（中国・北京）	11月	孫俍工	
閩 星	（中国・福建漳州）	12月1日	梁冰弦	半週刊
労働新聞	労働新聞社（大阪・堺）	12月 ⇩ 1920年1月28日（2号）	発・編・奥野貫	

1920（大正9）年

一隅より	交響社（東京・東中野）	1月1日 ⇩ 7月23日	発・編・加藤一夫, 印・谷口熊之助（1-2号）; 宮田亀六（4, 6号）	6号 個人誌 〈復刻〉緑蔭書房1994
共 済	（朝鮮）	この年初め		8号。労働運動
新生活	（朝鮮）	この年初め		9号
奮 闘	奮闘社（中国・北京）	1月4日	易家鉞（易君左）, 郭夢良, 朱謙之	旬刊 北京大学の学生組織
無我の愛 3次	無我苑（東京）	1月 ⇩ 1922年12月	発・伊藤証信	1次は1905年6月-1906年2月, 2次は1910年4月-1912年5月。のち『愛聖』と改題。1次の頃『精神運動』も発行

進徳会	中国	1月	呉稚暉, 李石曽, 張継, 汪精衛	
北京大学学生周刊	（中国・北京）	1月	〈編集部〉黄凌霜, 陳友琴, 黄天俊	2月に再び学生運動が盛り上がり, アナへ傾斜
演　歌	演歌社（東京）	1月 ⇩ 1922年4月 （25号）	発・編・印・添田平吉	1922年『民衆娯楽』と改題
先　駆	新人会（東京）	2月1日 ⇩ 8月1日	編・発・印・山崎一雄	7号 『デモクラシイ』改題。エス語表題「LA PIONIRO」 〈復刻〉法政大学出版局1969
新社会評論	平民大学 （東京）	2月1日 ⇩ 7月1日	編・発・印・岩佐作太郎, 主筆・堺利彦	5号 『新社会』を改題, のち『社会主義』へ改題 〈復刻〉不二出版1982
自由労働者	自由労働者労働組合本部（東京）	3月 ⇩ 7月	小笠原一郎/生田長江, 平野小剣	5号
正　進	新聞工組合正進会	4月5日 ⇩ 1923年4月5日	発・編・印・諏訪与三郎（1巻1号-2巻5号）, 白銀東太郎（2巻6号-12号）, 生島繁（3巻1号-）, のち終刊まで綿引邦農夫	34号 1923年6月『信友』と合同, 『印刷工連合』となる
労働芸術		4月	和田信義, 安谷寛一	
黒　耀	黒耀会（東京）	6月	発・編・長沢清衣（硴三郎）/望月桂, 宮崎安右衛門, 高尾平兵衛, 添田啞禅坊, 日吉春雄, 丹潔, 岡本八技太, 藤沢竜雄, 石井鉄治	1号
Verda Utopio	（大阪）	7月	福田国太郎, 相坂佶, 平野長克, 森内英太郎	12号。活版 全文エスペラント文芸誌
社会主義	平民大学のち社会主義発行所（東京）	9月1日 ⇩ 1921年9月1日	編・印・発・岩佐作太郎	9号。月刊 『新社会評論』の後継紙 〈復刻〉不二出版1982
警　鐘	三協社（奈良）	9月 ⇩ 1922年8月		〈復刻〉不二出版1988
労働者	（中国・広州）	10月3日 ⇩ 1921年1月	区声白, 梁冰絃, 鄭佩剛	8号。週刊
女性同盟	新婦人協会（東京）	10月9日 ⇩ 1922年12月		3巻12号まで 〈復刻〉ドメス出版1985

批　評	（中国・北京）	10月	北京大学・学生ら	
自由人 1次	自由人社 （東京・東中野）	11月1日 ⇩ 1921年2月 10日	編・発・木村信次，印・宮田熊六 （1号），編・発・印・浅野護（2-3 号）/加藤一夫	3号 〈復刻〉緑蔭書房1994
労働音	（中国・北京）	11月7日	黄凌霜と陳徳栄が編集責任	
兄弟通信	三土社 （東京）	11月 ⇩ 1921年6月 （7輯）	発・編・印・鳥谷部陽太郎/西原 和治，後閑林平，宮崎安右衛 門，高田集蔵，江渡狄嶺，三谷 敬六	『地上』を継承
青十字報	青十字報社	12月19日	木本凡人	
半　月	（中国・成都）	この年	袁詩堯，呉先憂	

1921（大正10）年

労働運動 2次	労働運動社 （東京・神田）	1月29日 ⇩ 1921年6月 25日	発・編・印・近藤憲二/〈同人〉大 杉栄，中村還一，和田久太郎， 高津正道，伊井敬，竹内一郎， 寺田鼎，岩佐作太郎，久板卯 之助	13号。週刊 表紙に「THE　LABOR MOVEMENT」とあり 〈復刻〉黒色戦線社1973
小説月報	文学研究会 （北京）	1月		『新青年』に対抗，機関紙
尺　土	尺土社 東雲堂書店 （東京）	1月 ⇩ 11月	発・荒川畔村（関根喜太郎）， 編・矢嶋歓一	11号 のち『蘖（ひこばえ）』と合 流，『我等の詩』を創刊
農民文化	三不社のち農 民文化社 （青森・五戸）	1月？ ⇩ 1922年4月 （2巻1号）	堀井金太郎（梁歩），水野葉舟， 菊池源吾，佐々木喜善，石川 三四郎，安崎安貞	
種蒔く人 1次	種蒔き社 （秋田）	2月25日 ⇩ 4月17日	編・発・近江谷駒，印・寺内林治	3号 表紙に「CAHIERS IDEAL-ISTES DES JEUNES」とあ り 〈復刻〉日本近代文学研究 所1961
京城電報	（中国）	2月		烈風飄々「文昌範の不逞 軍」等
日本社会主 義同盟報告	日本社会主義 同盟・社会主 義発行所 （東京・元園町）	2月	※別掲のとおり	〈復刻〉黒色戦線社1981
オーロラ	オーロラ協会 （東京・神田）	3月10日	発・編・印・村尾繁一	1号のみ

民　声 3期	（中国・広州）	3月15日 （30号） ⇩ 8月15日 （34号）	鄭佩剛，梁冰絃，劉石心，黄尊生，区声白	5号。月刊 「30号増刊」（4月5日）あり 〈復刻〉朋友書店1992
労働者	労働社 （東京・巣鴨 のち京橋区）	4月15日 ⇩ 1922年5月	発・編・印・吉田一（1-4号），和田軌一郎（5-7号），高尾平兵衛（8号），殿水藤之助（9-10号） ※別掲のとおり	10号 『民衆の力』へ継承
新詩人	文展堂（東京）	5月 ⇩ 1922年5月 （11号）	井上康文，萩原恭次郎	
大衆運動	大衆社 （東京・本郷）	5月頃?	発・神永文三	週刊
団　結	横浜仲仕同盟会　　（横浜）	6月20日 （7月号）	吉田只次，山上房吉	この号のみ確認
民権新聞	（呉）	7月25日 ⇩ 10月	小川孫六／丹悦太	3号，月刊
跫　音	跫音社	この頃	備前又二郎	月刊
関西労働新聞	関西労働新聞社　　（神戸）	8月9日	安谷寛一，大西昌，三野啓逸	「神戸ロンダ組」機関紙
借家人新聞	借家人新聞編集所 （大阪・南区）	8月22日 （4号） ｜ 10月10日 （5号）	発・編・印・三田村四朗	
関西労働者	関西労働社 （大阪・南区）	9月1日 ⇩ 10月	発・編・岸井清，印・新谷与一郎／山田正一，奥田梅太郎，大串孝，対馬忠行，赤松民平，田中郁俊，笹井末三郎，小西武夫，花岡潔，鍋山貞親，篋部治之助，備前又二郎，高橋松南，殿水藤之助，小田知一，伊串英治，阪川諄，中島安太郎，鴨川潔，木谷栄吉，近藤茂雄，西脇英，岡部一太，近藤正次，上谷鉄失，吉田一	2号。2号の発行人は殿水藤之助。9月号に特別号付録として「神戸労働争議号」あり
炬　火	曙光詩社 （東京）	9月1日 ⇩ 1928年5月	編・発・川路誠（柳虹）／平戸廉吉，萩原恭次郎	39号。『現代詩歌』第2次にあたる
無　限	無限社 （東京）	9月	山口与曾八，小田栄，国見輝雄，坂本貞義	

種蒔く人 2次	種蒔き社 （東京）	10月3日 ⇩ 1923年8月 1日	発・編・印・近江谷駒(1-8号), 今野賢三(9-20号)。	20号＋号外2号（「帝都震災号外」1923年10月1日,号外2として『種蒔き雑記』1924年1月20日がある） 表紙に「LA SEMANTO」とあり 〈復刻〉日本近代文学研究所1961
壊　人	壊人社 （東京）	10月 ⇩ 1922年1月	橋浦泰雄, 村上吉蔵, 湧島義博, 角田健太郎, 藤岡良三, 間島惣兵衛, 市谷信義, 楠本寛, 林政雄	4号。新潟県出身の林以外は, 鳥取県出身
詩　聖	玄文社（東京）	10月 ⇩ 1923年9月	草野心平, 黄瀛	24号
本会宣言書	実学派連盟	10月	安谷寛一	
革　人	甲府革人会 （甲府）	10月 ⇩ 1922年3月	矢崎源之助/青柳正義, 興石太郎, 小沢景勝, 中山芳雄, 郷佐七, 片平茂雄, 興石有, 小池秋太郎, 矢島辰太郎, 秋山敬二, 今井新造, 高野毅, 本田秀彦, 野々垣邦富, 志村俊治, 中込純次, 功刀文治, 野尻薫, 高田良幻	5号
明　星 2次	明星発行所 （東京）	11月1日 ⇩ 1927年4月		通刊48号。第1次1900年4月-1908年11月。第3次1947年3月-（明星会） 〈復刻〉臨川書店1964
労働運動 3次	労働運動社 （東京・本郷）	12月26日 ⇩ 1923年7月 1日	発・編・印・近藤憲二/伊藤野枝, 和田久太郎, 大杉栄	15号。月刊 表紙に「THE LABOR MOVEMENT」とあり 〈復刻〉黒色戦線社1973
潜　在	潜在社	12月 ⇩ 1922年11月		4号
大衆の哄笑		この年	杉浦敏夫, 小野十三郎	2号

※**日本社会主義同盟**　〈発起人〉赤松克麿, 荒畑勝三, 麻生久, 布留川桂, 橋浦時雄, 服部浜次, 岩佐作太郎, 加藤勘十, 北原龍雄, 京谷周一, 近藤憲二, 加藤一夫, 水沼辰夫, 前川二享, 延島英一, 大庭柯公, 岡千代彦, 大杉栄, 小川未明, 堺利彦, 嶋中雄三, 高津正道, 田村太秀, 植田好太郎, 和田巌, 渡辺満三, 山川均, 山崎今朝彌, 吉田只次, 吉川守邦/〈執行委員〉赤松克麿, 麻生久, 阿部小一郎, 江口渙, 布留川桂, 服部浜次, 橋浦時雄, 原沢武之助, 岩佐作太郎, 近藤憲二, 加藤一夫, 加藤勘十, 北原龍雄, 百瀬二郎, 水沼辰夫, 望月桂, 大庭柯公, 島中雄三, 新明正道, 諏訪与三郎, 杉浦啓一, 高田和逸, 高津正道, 竹内一郎, 和田久太郎, 渡辺善寿, 渡辺満三, 和田巌, 吉川守邦, 吉田順二

※**労働者**　〈創刊同人〉諏訪与三郎, 渡辺満三, 高田和逸, 鈴木重次, 水沼熊, 吉田順司, 望月桂, 江口渙, 綿引邦農夫, 今井輝吉, 原沢武之助, 石田九蔵, 生島繁, 宮島資夫, 八幡博道, 久板卯之助, 吉田一, 高山久蔵, 天土松太郎, 桑原松蔵, 大塚忠蔵, 岩佐作太郎, 神近市子, 阿部小一郎, 北原龍雄, 北浦千太郎, 高

尾平兵衛，布留川桂，小出邦延，狩野鐘太郎，栗原四郎一，小池宗四郎，市川弁次郎，和田軌一郎，高野松太郎，吉田只次，笹井季三郎，小田知一，山田正一，殿水藤之助，曾根昌介，新谷与一郎，安谷寛一，丹悦太，武永文七，柳本為市，中島安太郎。〈その後の同人（2号）〉塩長五郎，浦田三太郎，田村高知，山田幸次，山田幸雄，庄司富太郎，西川欽，城増次郎，伊串英治，奥田梅太郎，渡辺精一，山岸伊作，飯尾弁次郎，松尾文造

1922（大正11）年

日刊社会運動通信	平民大学内（東京）	1月1日	山崎今朝弥	
月刊社会運動通信	平民大学内（東京）	1月10日	山崎今朝弥	
工 余	（フランスで創刊）	1月15日	編・（当初）陳延年，のち編・李卓／畢修勺	
土地と自由	日本農民組合のち土地と自由社，日本農民組合総本部（東京）	1月27日 ⇩ 1928年5月	編・賀川豊彦	75号〈復刻〉法政大学出版局1972-75
自由人 2次	自由人社（神奈川）	1月 ⇩ 1923年7月1日	編・発・印・加藤一夫	14号〈復刻〉緑蔭書房1994
耕 人	耕人社（朝鮮）	1月？ ⇩ 1925年12月	伊藤和	45号。月刊
労働週報	労働週報社（東京）	2月4日 ⇩ 1923年4月19日	発・編・印・安倍隆一（1-21号），平沢計七（22-40号）／山崎今朝弥（出資），下中弥三郎，和田栄太郎，山内みな，立田泰，水沼辰夫，加藤勘十，島上勝次郎	40号〈復刻〉不二出版1998
小作人 1次	小作人社（埼玉）	2月6日	発・編・印・古田大次郎／渡辺善寿，長島新，塚本恒次郎	1号〈復刻〉黒色戦線社1989
黒 猫	（東京）	2月 ⇩ 1924年4月	〈同人〉編・田中健三，小野十三郎，崎山猶逸，大滝竜太郎	6号
帆 船	帆船詩社（東京）	3月	多田不二，竹村俊郎，田辺芳男，のち友谷静栄	詩誌
シムーン	シムーン社（東京）	4月1日	発・編・印・佐野袈裟美	1号5月刊の2号から『熱風』と改題
社会思想	社会思想社（東京）	4月1日 ⇩ 1930年1月	平貞蔵，三輪寿壮，細野三千雄	月刊〈復刻〉法政大学出版局1981-82
平民之声	（中国・成都）	春	巴金，呉先憂	

行商人連盟	行商人連盟 （東京）	4月	発・編・印・山川亮	
熱　風	シムーン社 （東京）	5月1日 ⇩ 8月1日	発・編・印・佐野袈裟美	4号（通刊5号） 『シムーン』を改題。のち 『大衆』（同年9月創刊-11 月廃刊）に改題
借家人同盟	借家人同盟 （大阪・南区）	5月10日	発・編・印・逸見直造	付録としてパンフ『借家 人の戦術―借家法と借地 法』がある
我等の詩	新詩歌社， 東雲堂書店 （東京）	6月 ⇩ 11月	発・関根喜太郎／編・西村陽吉／ 金児農夫雄，渡辺順三，小野 庵保蔵	6号 『尺土』と『蘗（ひこばえ）』 合併創刊
民　鐘	広東省新会 （中国）	7月1日 ⇩ 1927年7月	主編・黎健民（最後の4期は上 海に移り，畢修勺）	23号
黒　濤	黒濤発行所 （東京）	7月10日 ⇩ 8月10日	発・編・印・朴烈	2号 2号枠外に「LA NIGRA ONDO」とあり 〈復刻〉『金子文子・朴烈裁 判記録』黒色戦線社1991 に収録
水　平	水平出版部 （京都）	7月13日 ⇩ 11月28日	編・発・印・米田富一郎	2号 〈復刻〉世界文庫1969
民衆娯楽	民衆娯楽社 （東京）	7月（27号） ⇩ 1923年11月 （5巻10号）	添田唖蝉坊，添田知道	『演歌』の改題誌
新社会	社会通信社 （名古屋）	8月 ⇩ 1925年8月	鈴木楯夫／横井朱平，新居格， 堺利彦	198号
無所謂宗教	（フランスで 発行）	8月	区声白，劉抱蜀，劉無為	冊子
緑　波	（中国・北京）	8月	馮省三	『時言報』副刊
出　発	アダム詩社 （東京）	9月 ⇩ 11月	壺井繁治	3号
極　東	極東平民社 （神戸）	9月	大崎和三郎／日笠明，網本種吉	
農民運動	農民運動社 （東京）	9月 ⇩ 1924年4月		16号

女性改造	改造社 （東京）	10月1日 ⇩ 1924年11月	編・平田貫一郎，のち上村清敏，丸山たかの/平塚らいてう，山川菊栄，山本宣治，中里介山，神近市子，有島武郎，加藤一夫	25号 伊藤野枝追悼号がある（戦後，1946年に復刊された） 〈マイクロ版〉雄松堂出版2002
泉	叢文閣 （東京）	10月1日 ⇩ 1923年8月	編・発・足助素一/有島武郎	10号（2巻7号）。月刊 有島武郎個人雑誌
建設者	建設者同盟 （東京）	10月1日 ⇩ 1923年12月	〈主幹〉浅沼稲次郎	のち1924年1月『青年運動』に改題 〈復刻〉法政大学出版局1972
学 滙	（中国・北京）	10月10日 ⇩ 1923年6月30日	発・景梅九，編・周索非	237号。日刊 北京『国風日報』の副刊
民衆の力	労働社 （東京）	10月10日	編・吉田順司，殿水藤之助，高野松太郎	1号。月刊 『労働者』後継誌
小作人 2次	小作人発行所のち農村運動同盟 （東京）	10月25日 ⇩ 1924年4月15日	発・編・印・中名生幸力（1-2号），望月桂（3-9号）	9号 4号以降の表紙から「FARMISTO」とあり 〈復刻〉黒色戦線社1989
局 外	大衆社のち而立社 （東京）	10月 ⇩ 1923年8月	発・編・印・神永文三/尾崎士郎，高畠素之	8号。月刊
民衆の意思		10月 ⇩ 12月1日	〈主幹〉相馬秀正	
平民世界	平民世界社 （京都）	この頃	柏正輝	
燃え挙る心	梅戸水平社 （奈良）	11月5日 ⇩ 1923年1月15日	編・発・印・山本伊太郎	2号 〈復刻〉『初期水平運動資料集』不二出版1989
芝浦労働	芝浦労働組合 （芝浦製作所）	11月6日 ⇩ 1930年2月	※別掲のとおり	57号
文化運動	啓明会 （東京）	11月（130号） ｜ 1925年4月 （156号）	下中弥三郎/竹内圀衛，川合仁	27号。啓明会機関誌。『第三帝国』（99号），石田友治の『文化運動』（100-129号）とあわせ通巻156号

第三労働新聞	第三労働新聞社　（神戸）	11月 | 2月頃	発・安谷寛一	
革命研究	革命思想研究会　（東京）	11月 ⇩ 1923年4月	発・編・野口一雄，印・小笠原一郎	3号
生活運動	借家人同盟本部　（東京）	11月 ⇩ 1926年2月	〈主幹〉布施辰治/加藤誠之助，岩井勇蔵，中村新四郎，中西伊之助	5巻2号
労働者	同人図案社内黒労社（東京・神田）	11月 ⇩ 23年8月10日	発・編・宮越信一郎，長沼富，望月桂，後藤謙太郎	8号
太い鮮人	（東京・富ヶ谷）	11月? ⇩ 12月30日	朴烈，金子文子	2号。3号から『現社会』に改題。1号枠外に「フテイ鮮人」とあり 〈復刻〉『金子文子・朴烈裁判記録』黒色戦線社1991に収録
ダダイズム	（東京・渋谷）	12月 ⇩ 1923年2月2日 （2輯）	編・発・吉行エイスケ	3輯まで確認。『売恥醜文』へ継承
解放運動	解放運動社　（大阪）	12月	和田神力男/波多野鼎，恒藤恭，住谷悦治，丸岡重堯	1号?
ELEU-THERIA		この年	村松正俊，陀田勘助	二人雑誌
無産者新聞	横浜自由労組	この年	〈同人〉吉田只次，奥原光三，若杉浪雄，山田静次，山上房吉，佐藤酉吉	3号。その後『肉弾』を出したが休刊
のき行燈	（神戸）	この年?	芝原淳三	
資本と労働	労働同盟会	この年頃	発・黒瀬春吉	再刊?

※芝浦労働　1次（全8号）1922年11月-24年4月/発・編・印・渡辺政吉
2次（全9号＋号外1）1924年10月-25年12月，号外は25年6月25日/発・編・金田吉政
3次（全34号＋号外5）1号（1926年1月）-10号（26年11月）/発・編・保利増己，12号（27年1月）-15号（27年6月）/吉田潔，16号（27年9月）-32号（29年11月）/発・編・印・谷田部勇司，33号（29年12月）-34号（30年2月），号外5号（30年1月）/発・編・印・高橋吾助。（備考）3次3号の編集権はボル派に奪われる。3次の4-9，11，13，14，18，20，29，30号，号外1-4号は未見。（全57号〔51号＋号外6〕と思われる）

1923（大正12）年

| 社会運動 | 純労働新聞社（大阪鉄工組合） | 1月1日
\|
12月 | 発・編・印・阪本孝三郎/大川利治，藤本巌 | 68号（1月1日）。月刊 |
| 労働新聞 | （関西版） | 1月1日
（10号） | 藤本巌，山田正一 | 10号のみ確認 |

（1923年）

赤と黒	赤と黒社 （東京）	1月1日 ⇩ 1923年5月 （号外が、 1924年6月 15日）	編・発・壺井繁治(1号)，印・山田茂三郎(1-2号)，編・発・萩原恭次郎(2-4号，号外)，印・芳賀林太郎(3-4号)，印・玉井重作(号外)	4号＋号外（終刊） 〈復刻〉戦旗復刻版刊行会1978，冬至書房1963
感覚革命	感覚革命社 （東京）	1月 | 1925年？	伊福部隆輝(隆彦)，富田常雄，川崎秀夫，松本淳三	のち『無産詩人』へ合流
社会運動	（中国・北京）	1月(5号)	陳空三，陳徳栄，王伯時，呂伝周，劉果航，陳声樹	再刊。創刊は1920年
文筆労働	文筆労働組合 （東京）	1月 (2巻1号)	津田光造，遠藤友四郎，藤井真澄，渡辺順三	この号のみ確認
駄　々	（福岡）	1月	発・古賀光二	
社会運動	関西組合同盟会	1月	大串孝之助	
進　め	進め社 （東京・本郷 のち大阪）	2月1日 ⇩ 1931年3月	発・主宰・福田狂二，編・北原龍雄	月刊 表紙に「Fighting Magazine Su Su Me.」とあり 〈復刻〉不二出版1989-90
組合運動	組合運動社 （東京・芝区）	2月25日 ⇩ 9月	発・編・印・佐藤陽一／水沼辰夫，佐藤護郎，和田栄太郎，松田十九二，渡辺善寿，延島英一，大場勇，坂口喜一	7号
暁　人	暁人社 （鳥取）	2月	発・山本勇／斉藤修，加藤伝次郎，小徳喜有次，大倉恒敏(並木敏夫)，若杉葉子	
現社会	現社会発行所 （東京・八王子，編集事務所は太い鮮人社〈3号〉，不逞鮮人社〈4号〉）	3月15日 (3号) ⇩ 6月30日 (4号)	発・編・印・朴烈	2号。『太い鮮人』改題 〈復刻〉『金子文子・朴烈裁判記録』黒色戦線社1991に収録
互　助		3月15日		3号？ 月刊 「石心，警秋，抱蜀，無為，天放，声白らリオンに留学」記事
民衆運動	民衆運動社 （東京・池袋）	3月頃	申焔波，金重漢，徐相一，洪鎮裕	1号 朝鮮文。黒友会機関誌
MANIA	MANIA （東京・駒込）	春先	小野十三郎	個人誌
新大陸	（米国にて）	この頃までに	黄凌霜，鄭佩剛，太侔	雑誌
民　鋒	（中国・南京）	4月	盧剣波	

銀の壺	銀の壺詩社（静岡）	4月｜1925年7月	発・前田詠次郎（森〈杜〉川ひろし），南舟三，小野庵保蔵	10号
ロシヤ研究	春陽堂（東京）	4月⇩7月	片上伸	4号。月刊
三重水平新聞	三重水平新聞社（三重）	5月20日⇩6月1日	発・北村庄太郎，編・印・山田清之助	2号 3号より『愛国新聞』と改題 〈復刻〉労農運動史刊行委員会1975，不二出版1990
革命評論	革命評論社（東京・八王子）	5月	発・編・印・高尾平兵衛	1号 『民衆新聞』へ継承
時局研究会	時局研究会（東京）	5月	発・編・印・岩沢厳	
詩と人生	詩と人生社（東京）	5月⇩1924年10月	主宰・生田春月（6号より編集人） ※別掲のとおり	35号 前身は『文芸通報』1921年3月-23年3月
職業婦人	職業婦人社（東京）	6月1日⇩8月	奥むめお	3号。のち1924年『婦人と労働』，1925年『婦人運動』と改題（1941年8月廃刊） 〈復刻〉不二出版1990
鎖	鎖人社（東京）	6月1日⇩1924年3月	発・編・山根政義（2号から）山本忠平（陀田勘助）／大川蕃，三輪猛雄，村松正俊，伊土競，松本淳三，重広虎雄，鶴巻盛一，のち細井和喜蔵。会員として渋谷定輔も参加	6号 のち『無産詩人』へ合流
印刷工連合	印刷工連合会のち全国印刷工連合会（東京）	6月15日⇩1926年5月5日	編・印・高田公三，発・布留川桂（1-15号），編・印・発・布留川桂（16-26号），伏下六郎（27-36号）	36号 『信友』『正進』の合同による。1926年6月『自由連合』へ継承
我等の運動	自由人社（神奈川）	6月17日	編・発・印・富田繁蔵／〈同人〉加藤一夫，石黒鋭一郎，杉野三郎，児島東一郎，佐藤陽一，米山俵三，小竹久雄，対馬忠行，鶴橋泰四郎，卜部哲次郎，三浦勇，木村信次，小高吉男	1号
民衆新聞	民衆新聞社（東京）	6月	発・編・印・中村還一／中名生幸力，長山直厚，長谷川辰次，栗林四郎一，清水三郎，吉田順司，八木一郎，高橋白日，高尾平兵衛，平岩厳，石黒鋭一郎，吉田一，鈴木厚，京谷周一，俵次雄，中西重雄	1号 『革命評論』の後継紙，戦線同盟機関紙

（1923年）

愛　聖	無我苑（東京）	6月 ⇩ 1925年1月 （3巻1号）	発・編・印・伊藤あさ（朝子）/伊藤証信	
ナゴヤ労働者	（名古屋）	7月10日	伊串英治，横田淙治郎	1号 『名古屋労働者』へ継承
黒 1次	黒社 （大阪・北河内郡）	7月15日	発・編・印・小西武夫/久保譲，備前又二郎，奥田梅太郎	月刊 『関西労働者』を継承
関東水平運動	東京水平社本部（東京・牛込区）	7月15日 ⇩ 8月15日	発・編・印・平野重吉	2号 〈復刻〉『初期水平運動資料集』不二出版1989
背　人	背人社 （大阪）	7月 ⇩ 10月	発・安藤芳信/中尾正義，重岡勢，高川幸二郎	4号
女人芸術 1次	女人芸術社 （東京）	7月 ⇩ 8月	長谷川時雨	2号
悪い仲間	黒刷社 （神戸）	8月20日	発・編・和田信義〈主幹〉/編・柳沢善衛/小田知一，小山茂，船越基，高木晋，道本精一，笹井末三郎，宮本亮，串本繁蔵	1号 1924年12月『文明批評』と改題
自　擅		8月？	発・新山初代/金重漢ら	
悍　馬	悍馬社	9月 ⇩ 1924年3月	発・編・三輪猛雄/小笠原二郎，松本淳三，重広虎雄，陀田勘助，鶴巻盛一	6号 のち『無産詩人』へ合流
自由労働	自由労働社	9月までに	石井竜太郎，山本敏雄，平林たい子	2号
春　雷	広州真社 （中国）	10月10日 ⇩ 1924年5月	李少陵，王	
野葡萄	（名古屋）	10月 ⇩ 1924年9月	板谷栄治，石原政明，西尾虹二（梅村星光），佐藤栄治	7号
天上の砂	抒情詩社	10月	渡辺渡	
黒　濤	（中国・南京）	10月	盧剣波，衛恵林	
人類愛	水平宣伝部 （奈良）	11月5日	編・松本正一/南梅吉，駒井喜作	1号 〈復刻〉『初期水平運動資料集』不二出版1989
途上に現れるもの	途上社（東京）	11月 （6号）	編・発・藤田健次	13号まで確認
紀　元	紀元発行所 （東京）	11月	発・編・岡村二一，印・内藤鋠策/多田文三，角田竹夫，宵島俊吉	詩誌

どん底	どん底社 （岡山）	11月	編・印・発・後藤謙太郎	月刊 後藤の詩作品を高木精一方で出版
労働運動 4次	労働運動社 （東京・本郷）	12月20日 ⇩ 1926年7月1日	発・編・印・近藤憲二(1-9号)，川口慶助(10-13号)，和田栄太郎(14-18号)	18号。月刊 2号は雑誌型「大杉栄・伊藤野枝追悼号」 表紙に「LABORISTA MOVADO」とあり 〈復刻〉黒色戦線社1973
緑／みどり	緑社のちミドリ出版社，ミドリ社出版部 （東京・大阪）	この年 ⇩ 1931年頃	編・印・発・石井定治(広海貫一)	1930年(8巻5月号)まで確認 緑色思想運動
社会時評	自由人連盟	この年	八幡博道	
関西自由連合	黒社 （大阪）	この年		
創　土		この年		

※詩と人生　生田春月，岡本かの子，小川未明，勝承夫，加藤武雄，加藤朝鳥，河井酔茗，川路柳虹，木村毅，島田青峰，高須芳次郎，辻潤，新居格，藤森成吉，百田宗治，山村暮鳥，〈以下同人〉生田花世，江口章子，大島庸夫，加藤愛夫，竹内瑛二郎，中村詳一，〈準同人〉大江満雄，岡野他家夫，佐多稲子(夜思美)，佐藤信重

1924（大正13）年

防長水平 1次	防長水平出版部(山口)	1月1日 ⇩ 9月1日	編・発・印・中野義登	6号 〈復刻〉『初期水平運動資料集』不二出版1989
種蒔き雑記	種蒔き社 （東京）	1月20日	編・発・印・金子洋文	臨時増刊「亀戸の殉難者を哀悼するために第1冊」 表紙に「LA SEMANTO」とあり 〈復刻〉日本近代文学研究所1961
黙　人	黙人社 （大阪）	1月	高橋光吉/飯田赤三，小板橋昇一，江西一三	3号
民衆運動	民衆運動社 （大阪）	1月 ⇩ 4月	佐野竹野/大川三郎	2号
相　愛	群馬県水平社本部(群馬)	2月5日	編・発・印・沢口忠蔵/駒井喜作，平野小剣	1号 〈復刻〉『初期水平運動資料集』不二出版1989
極　光	（静岡）	2月(号) | 4月号	発・森川邦男/小野庵保蔵	

労働運動	労働運動社 （東京・本郷）	3月1日 （4次2号）	発・編・印・近藤憲二	『大杉栄・伊藤野枝追悼号』雑誌版 表紙に「LABORISTA MOVADO Memor-numero al Sakae Osugi Kaj Noe Ito」とあり 〈復刻〉ギロチン社・ネビース社・黒色戦線社の共同出版1971
自由人	（中国・上海）	3月5日 ⇩ 1925年10月	沈仲九，呉克剛	5号
民衆運動	民衆運動社のちピー・アール社　（東京）	4月1日 ⇩ 1925年3月	発・編・印・吉田一のち発・編・佐藤光敬（敏），印・吉田一	2巻3号 「高尾平兵衛・久板卯之助追憶全集」（2巻2号〈1925年2月1日〉）あり
平平旬刊	（中国・上海）	4月1日		
売恥醜文	文化書院 （岡山）	4月5日 ⇩ 10月	編・発・印・清沢貞子（吉行エイスケ代理），（責任者）清沢清志・吉行エイスケ	6号。月刊 〈復刻〉1号のみ『コレクション・モダン都市文化（第28巻ダダイズム）』ゆまに書房2007，4号と5号は『コレクション・都市モダニズム詩誌（第4巻ダダイズム）』ゆまに書房2010
未来と青年	未来と青年社 （青年同盟） （東京・雑司ヶ谷）	4月15日 ⇩ 11月1日 （3巻1号）	編・発・印・長山直厚，3巻1号の編・発・印は福中巧/平岩巌	月刊
新台湾	新台湾安社 （中国・北京）	4月15日 ⇩ 1925年3月1日 （3号）	発・范本梁	2号（同年12月），3号より新聞型
ブルドック	（東京）	4月	金咲道明	月刊
廃墟の上に	バラック文芸社　（横浜）	5月12日	発・編・伊藤公敬，印・三枝富隆（甲府刑務所作業係）/〈同人〉安永清香，石川純水，安藤迷墟，永井善太郎，杉山省三，板谷治平	1号 印刷所は甲府刑務所
名古屋労働者	名古屋労働者（名古屋）	5月15日 ⇩ 1925年12月	発・編・印・伊串英治	20号 『ナゴヤ労働者』の復刊
社会主義研究	日本フェビアン協会，新光社　（東京）	5月 ⇩ 1925年9月	発・編・山崎今朝弥/安部磯雄，石川三四郎，秋田雨雀，藤森成吉，前田河広一郎，青野季吉	15号。『解放思想』へ継承

文芸戦線	文芸戦線社（東京）	6月10日 ⇩ 1932年7月	編・金子洋文/小牧近江，青野季吉（主幹）今野賢三，のち発・編・中西伊之助，村松正俊，柳瀬正夢/和田久太郎，新居格，飯田徳太郎，高群逸枝，陀田勘助，壹井繁治，中浜哲，萩原恭次郎，飯田豊二，小野十三郎，犬田卯，麻生義	95号 1931年1月1日（8巻1号・1月号）より『文戦』に改題〈復刻〉日本近代文学館1983
GE・GJM GJGAM・PRRR・GJMGEM	エポック社（東京）	6月13日 ⇩ 1926年1月	発・編・野川隆/野川孟，近藤正治，高木春夫，玉村善之助，（2号から）橋本健吉（北園克衛）	10号。創刊号のみカタカナ誌名 誌名・ゲエ・ギムギガム・プルルル・ギムゲム〈復刻〉不二出版2008
水平新聞 1次	全国水平社連盟本部（京都）	6月20日 ⇩ 10月20日	編・印・発・千崎富一郎	5号〈復刻〉世界文庫1972
ピカ－ケジラミ		6月21日（第三号）	編・刊・輿野勝郎/柳瀬正夢・斉藤大，吉行エイスケ，畠山清身，萩原恭次郎，辻潤	モタニズム詩誌 第四号は「キキ－カペ」に改題
新興芸術	新興芸術社（静岡）	6月	発・編・松平義史/井東憲，津田光造，石渡山達，新居格	1号のみ確認
マヴォ MAVO	マヴォ出版会，長隆舎書店（東京）	7月1日 ⇩ 1925年8月	（連名）発・編・村山知義/萩原恭次郎/柳瀬正夢（5-7号）※別掲のとおり	7号。月刊〈復刻〉日本近代文学館1991
ワシラノシンブン	ワシラノシンブン社（大阪）	7月15日 ⇩ 1925年11月5日	発・難波英夫/倉橋仙太郎，のち小岩井浄	30号。半月刊 1925年3月（19号）より『解放新聞』に改題〈復刻〉不二出版1990
自由	自由社（群馬新田郡・関東水平社連盟本部内）	7月25日 ⇩ 1925年6月1日	編・発・印・沢田忠蔵	8号＋号外1〈復刻〉『初期水平運動資料集』不二出版1989
二人	本郷活版所	7月25日	林芙美子，友谷静栄	4号？
無産詩人	無産詩人社（東京）	7月 ⇩ 11月	発・編・陀田勘助（山本忠平）/渋谷定輔，松本淳三，村松正俊，三輪猛雄，伊福部隆輝，重広虎雄	3号 詩誌『鎖』『感覚革命』『悍馬』の合同誌
傾斜市場	（発売）波屋書房（大阪）	7月 ⇩ 9月	小野十三郎，〈同人〉小野勇，神崎清，田中健三，藤沢桓夫，崎山猶逸	2号
夢幻	（藤枝）	7月 ⇩ 9月（2号）	発・繁村徹，小野庵保蔵，矢嶋歓一	
聖樹詩人	聖樹詩人協会（芦屋）	8月	発・編・印・吉沢桝男（独陽）/浅野紀美夫，大江満雄	詩誌

解放運動	解放運動発行所　（東京）	9月	李憲/季鉄，馬場，寿生，金若水，蒙古里，申伯雨，堺利彦，安光泉，辛日鎔，在明，美世乙，山川均，弥勤巌，大杉栄，二能生，金鐘範，佐野学	朝鮮文
水平運動	岩崎水平社　（奈良）	10月1日	南梅吉，平野小剣，西光万吉	1号〈復刻〉『初期水平運動資料集』不二出版1989
極東平民	極東平民社　（神戸）	10月20日 ⇩ 1926年6月20日	発・編・大崎和三郎，印・西田友市/杉村直太郎，一安訒(信夫)	6号
詩を生む人	詩を生む人社	11月1日 ⇩ 1925年2月	松本淳三	4号
ダムダム	南天堂書房，ダムダム会　（東京）	11月10日	発・小野十三郎，編・林政雄/萩原恭次郎，野村吉哉，岡本潤，高橋新吉，壺井繁治，溝口稠，橋爪健，飯田徳太郎，神戸雄一，中野秀人	1号
詩戦行	青赤黒社　（東京）	11月10日 ⇩ 1927年6月	編・(前半)斎藤峻/編・(後半)局清(＝秋山清)/(途中・編集)小林一郎/細田東洋男，遠地輝武，佐藤義雄	14号
水平線	大阪府水平社水平線発行所　（大阪・南河内郡）	11月21日 ⇩ 1925年1月20日	発・編・印・北井正一	4号〈復刻〉『初期水平運動資料集』不二出版1989
聖　戦	聖戦雑誌社　（三重）	11月25日 ⇩ 1925年11月20日	編・発・印・北村庄太郎	5号〈復刻〉『初期水平運動資料集』不二出版1989
夜光虫	（名古屋）	11月 ⇩ 1925年12月	石原政明，板谷栄治	4号
烽　火	烽火詩社　（東京）	11月	生田花世	
呉評論	呉評論社　（呉）	12月 ⇩ 1925年1月?	発・弘中柳三/丹悦太，野安司堂，天野武士，横山秀夫，高橋彰三	6号。半月刊のち『中国評論』と改題

文明批評	黒刷社 （神戸/東京）	12月 ⇩ 1927年8月 10日（5巻6号）	発・編・和田信義，印・小島硯鳳 /〈黒刷社同人〉安谷寛一，小山壌人，宮山栄，柳沢善衛	『悪い仲間』改題 5巻6号には黒刷社（東京，大阪，神戸，名古屋，広島）とあり。また裏頁に「ĜENTILADA KRITIKO DE LA MALBONAKA-MARADO」とあり
マルクス主義研究	（中国・上海）	この年	発・毛一波/巴金，抱樸，廬剣波	
自由労働	新時代社 （名古屋）	この年 ⇩ 1926年1月	浅野咢人	3巻1号 『新時代』付録
黒 蘭	（横浜）	この年	井上黒蘭	
商人と行商人	（大阪）	この年?	林重平	
巨 炎	京都市自由青年同盟	この年 （12号?）		

※**マヴォ** 村山知義，萩原恭次郎，柳瀬正夢，門脇晋郎，大浦周蔵，尾形亀之助，高見沢路直（田河水泡），岡田竜夫，加藤正雄，戸田達雄，矢橋公麿（丈吉），片柳忠男，住谷磐根（イワノフ・スミヤヴキッチ），沢青鳥，多田文三

1925（大正14）年

原 始	原始社 （芦屋）	1月1日 ⇩ 1927年4月2日	発・加藤一夫/壺井繁治，百瀬二郎，新居格，高群逸枝，村松正俊，江口渙，萩原恭次郎，小野十三郎，石川三四郎，辻潤，卜部哲次郎，八太舟三，服部豊，麻生義，野川隆，小須田薫，芳賀融	28号 18号まで加藤一夫個人雑誌，19号から加藤一夫編集，25号以降無産階級文芸雑誌 〈復刻〉不二出版1990
此（この）人を見よ	静岡思想研究会/静岡社会思想研究会（静岡）	1月5日 ⇩	牧野修二，服部豊，柴山群平，大塚昇，後藤章，山崎佐市，山口淳，中島松二	
ヨタリスト		1月	発・臼井源一	1号
フラーモ	フラーモ社	1月27日	輪違定夫（オーロラ社）	
闘 ひ	闘ひ社 （大阪・北区）	2月10日 ⇩ 3月20日	発・江上繁治/〈同人〉中尾正義，植田増吉，伊藤	2号。月刊
関東連合	関東労働組合連合会，労働運動社	2月20日		1号。『労働運動』号外 関東労働組合連合会が号外で出したもの

（1925年）

中国評論	中国評論社 （呉）	2月 ⇩ 1929年6月3日 （734号）	発・印・編・弘中柳三，原正夫／高橋彰三，野間崎高，高橋貞夫，河東稔（加藤実），米田剛三，楠光男，入江秀夫，大村秋果，熊谷三郎兵衛，高橋武夫，宮岡栄，竹森一則，畠山清行	通刊736号？ 『呉評論』を改題 1928年5月，日刊『中国日報』と改題
朝	朝発行所 （東京）	2月 ⇩ 26年6月	赤松月船〈主宰〉／鷹樹寿之介（菊岡久利），黄瀛，木山捷平	15号。詩誌 のち『氾濫』と改題
戦 へ	戦へ社 （大阪）	3月1日	福田理三郎／福田狂二，遠藤友三郎，山根積，山川亮	1号
抹殺運動	抹殺社 （東京）	3月20日	児島東一郎〈主幹〉／佐藤護郎，岩佐作太郎，河合康左右	5月号から『左翼運動』と改題
自然児	自然児連盟 （東京・日比谷 のち大井町）	3月25日 ⇩ 7月1日 （2号）	編・印・発・山田作松／〈同人〉横山楳太郎，椋本運雄，原田利文，西田宮士，畠山清行，荒木秀雄，臼井源一，木下茂，山田緑郎	3号
労働文化	労働文化協会 （神戸）	3月		
造 型	白陽画集社 （兵庫）	4月1日	編・浅野孟府，発・淵上白陽	1号 〈復刻〉『コレクション・都市モダニズム詩誌（第18巻美術と詩Ⅰ）』ゆまに書房2012
関東連合 リーフレット	関東労働組合 連合会本部 （東京・浜松町）	4月29日 ⇩ 8月	編・発・印・渡辺政吉（3号）	3号。1号は「メーデー」，2号は「労働者に訴ふ」，3号は「階級と階級闘争」
銅 鑼	銅鑼社 （中国・広州嶺南大学）	4月 ⇩ 1928年6月	発・編・草野心平／長沼富，宮越信一郎，岩佐作太郎，望月桂，黄瀛，原理充雄，劉燧元，富田彰	16号。当初謄写版，のち活版（1925年9月以降4-7・12号を福島県・上小川村，8-11・13・16号を東京・池袋，杉並，大森などで発行）〈復刻〉日本近代文学館1978
潮 流	潮流社／三田書房　（東京）	5月1日 ⇩ 1926年5月号 （2巻5号）	沢田敬光／伊藤栄之介，岡田光一郎，岡下一郎，川合仁，壺井繁治，中村白葉，土屋長村，黒島伝治，古田徳次郎，福見治郎，三井虎男，山川亮	1926年5月号より啓明会機関誌となり，潮流編集所は平凡社内，発行所は三田書房に変更
芸術と自由	芸術と自由社 のち紅玉堂書店　（東京）	5月1日 ⇩ 1931年4月1日	編・発・西村陽吉／石原純，中村孝助，渡辺順三，花岡謙二	63号。短歌誌。1926年5月から新短歌協会の機関紙1964年3月再刊

論戦	論戦社 (東京)	5月1日 ⇩ 8月30日	発・印・編・能智修弥	3号 〈復刻〉『コレクション・都市モダニズム詩誌(第4巻ダダイズム)』ゆまに書房2010
黒 2次	黒発行所 (大阪・港区)	5月10日	発・編・印・藤岡房一/久保譲,備前又二郎, 逸見吉三, 阪谷(坂谷寛一)	1号 表紙に「LA NIGRO」とあり
無産人	無産人社 (札幌)	5月11日	編・発・印・棚田義明/岸本嘉市,橋浦泰雄, 岸波栄(臼井三郎),田中鉄造, 石坂繁章, 多奈木照雄(棚田義明), 鈴木了空,三芳左血夫(戸倉忠治), 井上松男, 小野鉱(秋葉安一)	表紙に「LA PROLETARIO」とあり
左翼運動	抹殺社 (東京)	5月	佐藤護郎	『抹殺運動』を改題
近代詩歌	近代詩社 (東京)	5月 ⇩ 1926年6月	編・陶山篤太郎/渡辺渡	2巻6号
クラルテ	クラルテ社 (京都)	6月1日 ⇩ 8月	編・発・住谷悦治/〈同人〉河野密, 坂本勝, 波多野鼎, 伊藤靖, 麻生久, 高倉輝, 新明正道, 松沢兼人, 大宅壮一, 林要, 石浜知行, 小牧近江, 高橋康文	3号
自由新聞	自由新聞社 (静岡)	6月10日 ⇩ 11月1日	発・編・印・小山紋太郎	6号。月刊 『自由』の事実上の後継紙。のちに全水青年連盟の機関紙となる 〈復刻〉『初期水平運動資料集』不二出版1989
ド・ド・ド	D・D・D出版社 (東京)	6月15日	編・印・発・多田文三	3号
黙殺	黙殺社 (埼玉)	6月 ⇩ 7月	田口憲一	2号のみ確認 ビアンチカ個人雑誌
白永会	白永会出版部	7月1日 (2号)	発・内田増太郎	季刊
尖端	整頓社 (東京・八王子)	7月1日 ⇩ 8月	発・編・印・鈴木善一/高城茂平	2号
虚無思想研究	虚無思想研究社のち一時,虚無思想社と記載・新声社 (東京)	7月1日 ⇩ 1926年4月1日 (2巻3号)	編・発・印・関根喜太郎(荒川畔村) ※別掲のとおり	9号 〈復刻〉土佐出版社1986

（1925年）

白山文学	白山文学社	7月10日		
解放戦線	解放戦線社 （東京）	7月13日 ⇩ 1927年7月 15日	発・半沢公吉，編・後藤学三， 印・長谷川仁策	3号（通刊5号） 4号（1927年3月15日）より 『解放新聞』（1次）と改題
正義日報	（中国・上海）	7月14日 ⇩ 9月11日	衛恵林	59号
西浜水平新聞	西浜水平新聞 社　（大阪・ 南河内郡）	7月15日 ⇩ 8月15日	発・編・印・北井正一	2号 3号から『大阪水平新聞』 に改題 〈復刻〉『初期水平運動資 料集』不二出版1989
嫩　葉	社会問題論攷 会　（東京）	7月	神崎儲／小川未明，井田秀明， 藤田勉，西六介	1号
大　道	大道社 のち建設社 （東京・ 上高井戸）	7月 ⇩ 1931年3月	堀井梁歩	13号 〈復刻〉緑蔭書房1991
文　党	金星堂	7月 ⇩ 1926年5月	発・編・今東光 ※別掲のとおり	11号。月刊
童　心	童心房 （東京）	8月1日（3号） ｜ 11月1日（4号）	発・編・宮崎安右衛門，印・小島 為吉	4号まで確認 個人雑誌
世界詩人	世界詩人社 （東京）	8月1日 ⇩ 1926年1月	編・発・都崎友雄，印・吉良邦司 （1号），伊藤福蔵（2号），堀深 水（3号）	3号 〈復刻〉『コレクション・都 市モダニズム詩誌（第4巻 ダダイズム）』ゆまに書房 2010
閃　光	広島純労働者 組合（広島労 働組合連合会 事務所のち閃 光社）	8月1日 ⇩ 12月	編・大前浅一，加藤実／米田剛 三，高橋彰三	3号
中国連合	中国評論社	8月7日 （第3輯）	発・編・印・弘中柳三	
階級と階級 闘争	関東労働組合 連合会	8月15日		
自我人	自我人社 （東京・芝区）	8月20日 ⇩ 1926年 初め	発・編・印・松永鹿一／上野勝三 郎，栗原一男，小泉哲郎，松本 淳三，古川時雄	3号まで確認

ヒドロパス	ヒドロパス社 （大阪）	8月	編・発・久国明一/多田文三，村山知義，橘不二雄，長谷川勲，南晃	1号。詩誌 〈復刻〉『コレクション・都市モダニズム詩誌（第4巻ダダイズム）』ゆまに書房2010
土	（広島）	8月	米田剛三，坂井繁基，土井光造	1号
LIBERA LABO-RISTO	全世界無国家主義者エスペラント連盟（TLES）	8月		SATから分れて結成。山鹿泰治らが機関誌の取次を行う
貘	文芸社 （広島）	8月頃	弘中柳三，藤田兼男，天野武士，野間崎高	文芸誌 『あかつき』改題
ボロジン	（気仙沼）	この夏以降	菅野青顔	
詩　神	聚芳閣 （のち詩神社） （東京）	9月1日 ⇩ 1932年	発・編・印・福田正夫，清水暉吉，高崎孝政，田中清一	月刊
黒嵐時代	詩を生む人社 （東京）	9月5日	編・発・印・松本淳三/上野壮夫	この月『詩を生む人』と改題
横浜印刷工組合	横浜印刷工組合　（横浜）	9月14日	発・印・編・伏下六郎	1号 『印刷工連合』の号外として発行
大阪水平新聞	大阪水平新聞社　（大阪・南河内郡）	9月15日 （3号） ⇩ 1926年6月28日（9号）	発・編・印・北井正一/〈同人〉栗須七郎，石田正治	7号（通刊9号） 『西浜水平新聞』改題 〈復刻〉『初期水平運動資料集』不二出版1989
祖国と自由	文明批評社 （大阪・住吉区）	9月16日 （2号） ｜ 12月20日	編・大串孝，発・印・石田正治/逸見吉造	4号。1号は「高尾平兵衛追悼」号，2号「大杉栄追悼」号，4号「中浜哲著作集」1927年再刊 〈復刻〉1975年10月15日小松亀代吉が2号，4号を復刻。4号は『中浜哲詩文集』黒色戦線社1992に収録
水平新聞2次	水平新聞社 （神戸）	9月20日 ⇩ 1929年3月10日	発・編・印・木村京次郎	26号 なお第3次，1929年12月-32年7月，16号。第4次，1934年11月-37年2月，23号 〈復刻〉世界文庫1972
民　衆	（中国・上海）	9月	巴金，衛恵林，毛一波	半月刊

（1925年）

惑　星	惑星社 （大阪・布施町）	9月 ⇩ 11月15日	編・発・印・土呂基/高光大船	2・3号合併号（11月15日） のみ確認
自由労働	自由労働社 （名古屋）	10月1日 ⇩ 1926年1月1日	発・編・印・浅野正男（咢人）/ 〈同人〉工藤葉魔，長谷川玲児， 横山秋之介	2号。2号は『新時代』（発・ 編・印・宮村汝春〈新時代 社〉）第3巻第1号附録とし て刊行。表紙に「THE LIBERAL LABOUR」と あり
戦　線	戦線社 （東京）	10月	小宅建一	1号
解　放 2次	解放社 （東京）	10月 （4巻1号） ⇩ 1928年1月 （7巻2号）	〈主幹〉山崎今朝弥	通刊105号。『社会主義研 究』『解放思想』『解放文 芸』『解放法律』の後継 〈マイクロ版〉八木書店 1982
広島労働者	広島労働組合 連合会（広島）	11月1日 （3輯）		3輯のみ確認。『中国評 論』付録
文芸批評	文芸批評社/ 至上社（東京）	11月1日 ⇩ 1926年2月	編・発・印・新居格/〈同人〉宮嶋 資夫，松本淳三，川合仁，井上 勇，小山勝清，布施延雄，江口 渙，中村白葉，高群逸枝，橋本 憲三，辻潤，太田黒克彦，新島 栄治，麻生義，木村毅，佐野袈 裟美，伊藤永之助	2号。月刊
文芸市場	文芸市場社 （東京）	11月1日 ⇩ 1927年10月	編・梅原北明/佐藤惣之助，小 川未明，今東光	18号 〈復刻〉日本近代文学館 1976
黒　手	黒手社 （東京・長崎村）	11月16日 ⇩ 1926年1月 25日	発・編・印・松崎貞次郎/〈同人〉 難波正雄，畠山清行，大竹て る	2号
黒　旗	黒旗社 （東京・杉並区 高円寺のち小 松川町）	11月22日 ⇩ 1926年1月 23日	発・編・高田国（格）（1号），大沼 渉（2号）/〈同人〉山本勘助，机 高助，鈴木光雄	2号。月刊 表紙に「NIGRA FLAGO」 とあり
黒　闘	黒闘社 （神戸）	11月27日	増田信三，岡崎竜夫，笠原勉， 中村一次，宇治木一郎，長沢 清，春日武夫	月刊 謄写版 のち1927年3月再刊
一人文芸	一人文芸社 （東京）	11月	発・編・荻郁子/石渡山達，川崎 春二，吉田金重	1号
中国連合	中国自由連合 社　　（岡山）	12月15日 ⇩ 1926年3月 28日（3輯）	発・弘中柳三	中国労働組合連合会機関 誌

中国連合	中国評論社 (呉)	12月15日 ⇩ 1926年3月 15日	中村千滿与	3号。中国自連の機関誌を『中国評論』の附録としても刊行。26年9月15日新創刊の『中国評論』(岡山版)に継承
低気圧	(東京)	この年	渡辺渡/大村主計，岡本潤，加藤立雄，神山森吉，菊田一夫，平亭爾，萩原恭次郎，村山知義，山口義孝，矢橋公麿，鈴木藤吉郎	1号
万人文芸	万人文芸社 (東京)	この年 ⇩ 1926年1月	下中弥三郎	8号
無軌道	無軌道社 (東京)	この年 ⇩ 1926年1月5日	発・印・坂野良三，編・江西一三	4号
第三戦線		この年		
無差別	無差別社 (埼玉)	この年 ⇩ 1927年9月	発・編・印・望月辰太郎，堂脇次郎/鳴海黒流，滝沢深，長谷川清，橋本五一	3号?
空	(北海道)	この年 ⇩ 1928年	発・小柄作雄/渡辺茂，竹内てるよ	
辻馬車		この年	発・編・宇崎祥二/神崎清，武田麟太郎	
DADAIS	ダダイス社	この年?	遠地輝武	個人誌
ことば	龍宿山房	この年?	発・加藤一夫	
奔流	奔流社(松江)	この年?		山陰新人総連盟
文芸新聞旬刊	文芸新聞 (横浜)	この年?	発・松本淳三/深谷進	
東印ニュース	東京印刷工組合	この年頃?		

※**虚無思想研究** 関根喜太郎(荒川畔村)，辻潤，村松正俊，高橋新吉，室伏高信，萩原恭次郎，中村還一，新居格，卜部哲次郎，武林無想庵，大泉黒石，加藤一夫，生田春月，古谷栄一，内藤辰雄，飯森正芳，尾山篤二郎(放浪)，小川未明，遠地輝武，宮沢賢治，百瀬二郎，吉行エイスケ，〈寄稿〉西村陽吉，大原外光，小島きよ，橋本政尾，堀以，一安訊，滝原流石，河村柳男，蛯原邦夫，池上浩水，馬場剛，麻生義，伊藤欽二，多田文三，奥村イガラシ，菅野干介，島影盟，佐々木太郎，安岡黒村，和田信義，平田千代吉ら(以下，第2巻)〈寄稿〉中谷空極，東坡，伊藤芳子，本名隆次，永嘉大師，西谷勢之介，水野正次，小野庵(小野田)保蔵
※**文党** 今東光，村山知義，佐藤八郎(サトウ・ハチロー)，赤松月船，飯田豊二，金子洋文，古賀竜視，水守亀之助，のち間宮茂輔，下店静市，宮坂普九，梅原北明，〈寄稿〉岡田竜夫，新居格，井東憲，内藤辰雄，萩野野呂

1926（大正15）年

平等新聞	平等新聞社 （静岡）	1月1日(8号) ｜ 5月1日(11号)	発・印・編・加藤弘造	「『自由』改題」とあり 〈復刻〉『初期水平運動資料集』不二出版1989
月　曜	恵風館 （東京）	1月1日 ⇩ 4月1日	編・尾形亀之助，発・鈴木恵一	4号 月刊営業誌
自由新聞	自由新聞社 （埼玉）	1月15日 ⇩ 5月1日	編・印・発・辻本晴一	4号。発行所を静岡から移す。実質的にはこの1号は『自由新聞』（静岡）の7号にあたる 〈復刻〉『初期水平運動資料集』不二出版1989
七道より		1月	河本乾次	私家版
大衆評論 1次	大衆評論社 （静岡）	1月 ⇩ 4月	主宰・大塚昇，牧野修二，発・編・岩崎佐一	2号
飢渇人	飢渇人社 （横浜）	1月	編・印・発・佐藤枯葉/若杉浪雄	1号
夜の横浜	夜の横浜社 （横浜）	1月 ⇩ 1932年 3月?	発・伊藤公敬/板谷治平，那迦莫人，扇谷義男	17号? タウン誌
二七三周紀念刊	サンジカ 4組合 （上海）	2月7日	上海紡績総工会，上海海陸運工会，上海小沙渡工人自治会，上海揚樹浦工人自治同盟	『二七惨案』3周年に当たり発行
DON	ドン社 （東京）	2月	都崎友雄（ドン・ザッキー）	詩誌
ラ・ミノリテ	ラ・ミノリテ社 （神戸）	2月	発・近藤光(茂雄)/中尾吉之助，和田信義，安谷寛一，穂田玖二，神戸光，笹井末三郎，牧寿雄(秀雄)，飛地義郎，三田二郎，岡本潤，坂田一郎，小林輝，田代建，小野十三郎，宮嶋資夫	1号
山　脈	甲斐詩人協会 （甲府）	2月 (1年2号) ⇩ 1927年1月 (2年1号)	発・編・印・杉原邦太郎	1927年『虹』に改題
黒　潮	黒潮社 （熊本）	2月下旬	猪古勝，工藤日露時，林博，山田尚種ら	1号

野　火	大衆社 （大阪）	3月1日 ⇩ 4月1日	発・編・印・下阪正英／〈同人〉仁科雄一，西納楠太郎，桂信三，米田富，西光萬吉，水谷長三郎	2号 〈復刻〉『初期水平運動資料集』不二出版1989
大　衆	大衆社 （東京）	3月1日 ⇩ 1927年10月	津田光造，山内房吉，前田河広一郎，佐野袈裟美，新居格，岡本潤，藤井真澄，川崎長太郎	のち『文筆労働』と改題 〈復刻〉法政大学出版局1976
自我声	自我声社 （大阪・此花区）	3月20日 ⇩ 4月	発・編・印・金泰燁／〈編集同人〉金突波，李春植	2号。表紙に「THE CHI-GASEI」とあり
田園と工場	田園と工場社 （大阪）	3月	佐藤十五郎，井上貞吉，中尾無人，上田増吉，阿部均	1号
街頭人	街頭人社 （名古屋，黒潜社内）	3月	編・発・印・篠田清／〈同人〉宮崎阿村，成田政一，上西憲	1号
黒　流	黒流社 （別府）	春頃	発・田坂積春	
虚無思想	虚無思想社，新声社	4月1日 ⇩ 6月1日	発・編・印・吉行栄助，発・荒川畔村 ※別掲のとおり	3号
黒色青年	黒色青年連盟 （東京）	4月5日 ⇩ 1931年2月10日	編・発・印・水沼熊（1-5号），横山楳太郎（6号），前田淳一（7-18号），古川時雄（19-23号），山崎真道（24号）	24号＋号外1 〈復刻〉黒色戦線社1975
自治農民	自治農民発行所 （埼玉・入間郡）	4月10日	編・発・渋谷定輔，印・志賀主殿／中西伊之助，江渡狄嶺，奥谷松治，城田徳隆，池田種生	1号。農民自治会機関雑誌。2号（5月）より『農民自治』に改題・継承
どん底	どん底社 （名古屋）	4月20日	発・編・印・伊藤長光／〈同人〉林哲人	1号
北　斗	北斗社	4月		『北斗星』を改題
新聞労働	新聞労働連盟 （東京・牛込区，芸術倶楽部内）	4月	東野彦	1号
自然児	自然児詩社 （北海道古平）	4月	発・平田千代吉／吉田一穂，仲谷謙二	1号
人類愛	関東水平社青年連盟 （群馬）	4月	編・坂本清作／平野小剣	通刊8輯？ 1937年に『人類の為の聖戦』と改題
上野浅草新聞	（東京）	この年 （春先）	編・和田信義	

太平洋詩人	太平洋詩人協会のちミスマル社（東京）	5月1日 ⇩ 1927年4月1日	発・編・印・渡辺渡，印・菊田一夫(2-3号)，川久保浩(4-8号)	8号〈復刻〉『コレクション・都市モダニズム詩誌（第2巻アナーキズム）』ゆまに書房2009
農民自治	農民自治発行所・農民自治会全国連合（埼玉・入間郡）	5月10日(2号) ⇩ 1928年8月5日	編・発・渋谷定輔，印・志賀主殿(2-3号)，編・発・菅野勘之亟(4-7号)，渋谷定輔(8-13号)，編・印・発・渋谷定輔(14-18号)	17号（通刊18号）『自治農民』（同年4月10日）を改題・継承
失業労働	失業労働社（川崎）	5月 ⇩ 7月	石上太郎，猪俣南津雄，田代恒	2号『失業運動』を改題
痴人の群	痴人の群社	5月	発・寺尾実／森鶴久，上村実，佐藤敬，高尾亮，越田力，矢代(八代)勇，牛島茂	詩と創作謄写版
女性詩人	太平洋詩人協会（東京）	5月	発・編・友谷静栄	1号
青い手	日本詩学協会（東京）	5月		
黒旋風	黒旋風社（東京・長崎村のち世田谷町）	5月 ⇩ 1927年11月	発・編・印・杉浦万亀夫(2号)，増田英一(3号)／緒方昇，山鹿泰治，朝倉重吉	3号表紙に「NIGRA CIKLO-NO」とあり3号の事務所は江川菊次郎方
自由連合／自由連合新聞	全国労働組合自由連合会（東京）	6月5日 ⇩ 1935年2月28日	編・印・発・大塚貞三郎(1-17号)，梅本英三(18-52号)，宮川章(53-55号)，大久保卯太郎(56-66号)，山本義熊(67号)，木村英二郎(68-87号)，山口安二(88-98号)	98号。月刊1928年8月(26号)まで『自由連合』，同年9月(27号)より『自由連合新聞』と改題・継承。〈復刻〉海燕書房1975
ブラックリスト	無差別社（埼玉・大宮）	6月8日	発・編・印・望月辰太郎／〈同人〉根本間蛇羅，波多野狂，鳴海黒流，藤岡亀吉	
激風	激風社（東京・戸塚町）	6月14日	発・編・印・臼井源一／〈同人〉上田光敬，藤尾清三郎	1号。月刊
自然人	自然人社（東京）	6月	発・山田作松	個人雑誌
白山詩人1次	東洋大学詩人協会，白山詩人社（東京）	7月1日 ⇩ 1927年	編・発・長尾和男，印・藤田庄太郎(1号)	〈復刻〉『コレクション・都市モダニズム詩誌（第4巻ダダイズム）』ゆまに書房2010
黒闘	黒闘社（神戸）	この年 ⇩ 7月18日(3号)	編・発・印・宇治木一郎(3号)／中浜哲，中村一，岡崎竜夫	3号表紙に「LA NIGRA BATALO」とあり

自　由	自由労働者同盟　（大阪）	7月（2号）	渡辺鉄治/加藤昇	2号のみ確認
黒　化	黒化社（東京落合町）	7月	麻生義, 前田淳一, 深沼弘魯胤, 椋本運雄	1号
詩　調	詩調社	7月	編・今井武治/伊福部隆輝, 芳賀融	
黒　友	黒友会	7月? ⇩ 1927年10月 ?	張祥重, 元心昌, 李弘根, 鄭泰成	のち『自由社会』に改題
The Zett（ゼット）	ゼット社	8月1日（2号）	編・発・小松慶助/〈同人〉村山知義, 高見沢路直, 井面喜代松, 和地耕平, 小松	表紙に「Z派の猛誌」とあり
野獣群	野獣群（東京）	8月 ⇩ 1927年1月	発・編・印・金日照/今東光, 岡田竜夫, 萩原恭次郎	2巻1号
氾　濫	氾濫社	夏頃	発・赤松月船	月刊 詩誌『朝』を継承
夜汽車	精華社	この夏	発・加藤太丸/矢橋三子雄	二人雑誌
青　豚	青豚社	この夏		
変態資料	文芸資料研輯部（文芸市場社内）	9月1日 ⇩ 1928年6月	梅原北明	
中国評論	（岡山版）	9月15日	発・中村千満与/竹内春三	この号のみ確認
アクション	アクション社（東京）	9月（9号）	編・三好十郎/壼井繁治, 坂井徳三, 上野壮夫	詩誌
自由人	黒人社（松本）	9月 ⇩ 1928年7月1日	編・印・発・吉弘慎一/吉川澄	2号。1号は大杉栄追悼号
小作人3次	小作人社（浦和）	10月5日 ⇩ 1928年10月5日	編・発・印・木下茂, 2号より6号まで印・佐藤進三	19号。のち『農民自由連合』に継承 〈復刻〉黒色戦線社1989
公　娼	公娼制度研究会	10月20日		
黒　幟	黒幟社（中国・上海）	10月		
解放運動	解放運動社（岐阜）	10月 ⇩ 1928年1月	発・小河国吉	2号
自由公論	自由公論社	11月 ⇩ 年内まで?	芝原淳三/広海貫一, 宇治木一郎, 和田信義, 柴田芳明（芳郎）	2号

（1926年）

黒　友	不逞社 （のち黒風会 と改称）	11月		のち東興労働同盟を含め 『自由社会』と改題発行
街　頭	街頭詩人連盟 （松本）	11月？	発・吉沢夏雄／ドン・ザッキー， 原口広	1号
サパトランド	（台湾）	12月1日	小沢一	再刊（宣言と宣伝パンフ）
詩文学	中外文芸社 （東京）	12月1日 ⇩ 1927年10月	発・太田穂／編・三瀬雄二郎／松本淳三，伊福部隆輝	6号 アナ系の著名詩人が結集
性文学	性文学社 （東京）	12月 ⇩ 27年5月	渡辺渡（渉）編・発／楠本楠郎，宮武外骨，羽太鋭治，綿貫六郎，今野賢三，金熙明，中条辰夫，浅野研夏，田辺若男	2巻5号確認
復讐人	未来と青年社 （名古屋・ 東京）	12月	福中巧・轟大助，厚井勇三，近藤三郎	1号。月刊
叛　逆	叛逆社 （北海道）	12月	発・岸本嘉市	
民　鋒 （上海版）	（中国・上海）	この年前半	廬剣波，張謙弟	
近代思想研究	（神戸）	この年	井上信一，芝原淳三，笠原勉，大松多三郎，三木滋二	
新時代	新時代社 （名古屋）	この年		『自由労働』の後継紙
新内軟派		この年	岡本文弥	
青林檎	（静岡）	この年	編・発・杉山市五郎	個人誌
先駆者	先駆社	この年？	岡本利吉	
小作人	島根県小作人 連合会	この年？		
飢餓人	（愛知）	この年？ ⇩ 1927年2月	竹内吉左衛門	4号まで確認
月刊A	A社 （中国・武昌）	この年頃		3号

※**虚無思想**　吉行栄助，荒川畔村，生田長江，小川未明，辻潤，石川三四郎，新居格，萩原朔太郎，小宮山明敏，加藤一夫，今東光，稲垣足穂，村山知義，武林無想庵，神近市子，橋爪健，村田春海，長谷川如是閑，中河与一

1927（昭和2）年

碧　桃	碧桃社 （東京）	1月1日 ⇩ 12月（6号）	発・編・亀井文夫／高木正己，黄瀛，高村光太郎，尾崎喜八	

文芸公論	文芸公論社（東京）	1月1日 ⇩ 1928年5月	発・編・橋爪健/萩原恭次郎，岡田竜夫	17号 〈復刻〉日本近代文学館 1985
労働運動 5次	労働運動社（東京・本郷）	1月1日 ⇩ 10月11日	発・編・印・和田栄太郎(1-8月号)，古川時雄(9-10月号)	10号。月刊 表紙に「LABORISTA MOVADO」とあり 〈復刻〉黒色戦線社1981
文芸解放	文芸解放社（東京）	1月1日 ⇩ 12月1日	発・編・壺井繁治 ※別掲のとおり	11号。月刊 表紙に「LA LITERA-TURO ANARCHISTA」とあり 『文芸戦線』からアナ派が分離。12月解散
平民の鐘	平民の鐘社（浜松）	1月18日	編・発・小山紋太郎	1号
紀　元	紀元社	1月28日		
無産新聞	無産新聞社（山口）	2月1日 (34号)	発・編・岸本信威，印・神崎建蔵	この号のみ確認
人間群	人間群社（東京）	2月1日 (2月号)	編・発・印・辻本浩男	
ドドド・パンフレット	ドドド本部（大阪）	2月25日	発・多田文三，印・井上金次郎	第1号のタイトルは「1927年宣言」(著者・伊藤和三郎，奥村秀男，多田文三)
黒き群	黒き群社（東京）	2月 ⇩ 11月	発・根岸棺(菅四郎)，編・米山謙蔵，印・己野善一	根岸菅四郎のプラクン社と合同。7月号の「農村問題号」を確認。のち『社会評論』(同年12月10日)と改題
肉食時代	先駆芸術社（名古屋）	2月 ⇩ 9月	石原政明，大西俊，市川光，吉川春雄，佐藤栄治，村岡清春，吉崎吉ヱ(衛)門	4号
街頭時報	街頭時報社（静岡）	3月10日 ⇩ 7月28日	編・発・印・山崎佐一/牧野秋(修)二，奥猛，大野良	3号
解放新聞 1次	解放戦線社（東京・上目黒）	3月15日 (4号) ⇩ 7月15日 (5号)	発・編・印・後藤学三，(経営)宇田川一郎，後藤，(編集)山崎真道，笠英明，岡崎竜夫，宇田川，後藤	2号 表紙に「LA LIBERIGO」とあり 『解放戦線』を4号より改題
吾々は空想する	吾々は空想する発行所（東京・吉祥寺）	3月25日 ⇩ 10月	編・発・荒木秀雄/畠山清身，和田信義	2号
黒色戦線	（札幌）	3月 (3輯)	浦田純穂	この号のみ確認

黒闘	黒闘社 （神戸）	3月 〈再刊〉	増田信三，岡崎竜夫，笠原菊次郎(勉)，中村一次，宇治木一郎，長沢清，春日武夫，春日(某)，山口安二，田代建，八木豊吉，和田信義	月刊 のち『アナーキ』(1928年2月28日)と改題
未来と青年	未来と青年社 （名古屋）	3月 ⇩ 4月1日	福中巧	2号。3月復活号
文芸陣	文芸陣社 （小樽）	3月 ⇩ 11月までか	東口安利	
サラリーマン同盟パンフレット	サラリーマン同盟本部 （東京・池尻）	4月1日 ⇩ 7月	編・発・江川菊次郎，印・志賀主殿	1号は「サラリーマンと労働運動」，2号は『サラリーマン諸君へ』
土民芸術	土民芸術社 （東京・世田谷）	4月1日	編・発・大島諷/大島唯史，岡本潤，吉田金重，大島護/〈協力〉石川三四郎，木下茂，草野心平	1号。月刊 表紙に「La Arto Terpopola」とあり
近代思潮	近代思潮社 （東京・下目黒）	4月15日 ⇩ 1928年12月8日	発・村中俊道，編・印・庄司美作，2号より編・印・発・村中/〈同人〉庄司，嶋津一郎，下野勇記	4号分確認
先駆	先駆社 （東京）	5月1日	編・発・高橋久由/草野心平，土方定一	1号
リベルテール	リベルテール社　（東京）	5月1日	編・高畑得次，発・印・難波正一/石川三四郎，新居格，望月百合子，麻生義，鑓田研一，鷹樹寿之助	1号
蠢動	蠢動社/黒幻蠢動社（東京）	5月1日 ⇩ 1930年3月25日	編・印・発・佐藤十五郎/池田寅三，大串孝，古河三樹松	3巻1号
解放運動	解放運動社・黎明社（福山）	5月	小松亀代吉/山口勝清，岡田光春，小松猛，沢田寧	
革命週報	（中国・上海）	5月 ⇩ 1929年9月	主編・沈仲九(1-5号)，畢修勺(6-110号)	110号
村落同盟	黒鞭社 （水戸）	5月中旬		1輯

反政党運動	反政党運動発行所のち反政党新聞社（千葉・中山町，事務所は東京・亀戸）	6月11日⇩10月5日	発・編・印・江西一三/〈支局〉大久保勇，新井兵太郎，小川一郎，堀増己，野末久三郎，飯島金太郎，宮崎潔，伊藤敏夫，竹内愛国，稲田末太郎，岩本新，阿部英雄，松田正人，原田寅助，鶴岡和直，武良二，大塚貞三郎，石川豊吉，倉田稔，坂田斉，鶴我文良，高村藤市，篠田清，若杉浪雄，入江汎	4号表紙に「ANTIPOLITIKO」とあり
黒色評論	黒色評論社（仙台）	6月20日	編・発・印・斎藤修三	1号表紙に「LA NIGRA ARTIKOLO」とあり
荊冠旗	荊冠旗社（広島）	6月21日	発・白砂春一（健）	
機関車	（朝鮮）	6月⇩10月（3号）	発・山辺珉太郎	8月（2号）
木の葉		6月	高田集蔵	個人誌表紙に「LA FOLIOJ DE L'ARBOJ」とあり
社会理念	自由書房	6月⇩10月		4号
平民評論	（茨城）	6月	川又常夫，寺田義一	
光風地	光風地詩社（愛知郡）	6月⇩10月	※別掲のとおり	4号詩誌
平　等	編・パリ平社印・上海発・サンフランシスコ	7月1日⇩1931年10月（3巻10期）	発・中心は劉鐘時＝英語名，Ray Jones（広東出身）/巴金，呉克剛，衛恵林	在サンフランシスコ中国人移民アナグループ「平社」
港　街	港街詩社（釧路）	7月1日⇩1928年2月	発・葛西暢吉/渡辺茂	4号5号より『至上律』に改題
自　由	自由社のち自由社出版部（東京・大阪）	7月12日⇩1933年8月号	発・編・印・柳沢善衛/広海貫一，備前又二郎，兼谷美英，和田信義，安谷寛一，小林輝，武田清，入江一郎，天目丈一郎，正木隆之助	月刊表紙に「LA LIBERTE—L'organe mensuel d'anarchiste Japonais」とあり

（1927年）

全国水平新聞	全国水平新聞社・全国水平社解放連盟（長野・北大井村のち小諸町）	7月25日 ⇩ 9月25日	発・編・印・朝倉重吉	3号〈復刻〉『初期水平運動資料集』不二出版1989
黒潜	黒潜社（名古屋）	8月10日 ⇩ 1928年2月	編・発・印・池下稔，山田利一（3号）／高嶋三治，高村藤一，前田辰之助，篠田清，成田政市	3号
一　如		8月	宮崎安右衛門	個人雑誌
バリケード	社会評論社（東京）	9月1日 ⇩ 11月	編・発・磯貝錦一，印・下川隆博 ※別掲のとおり	3号〈復刻〉『コレクション・都市モダニズム詩誌（第2巻アナーキズム）』ゆまに書房2009
黒　魂	黒魂社（倉敷）	9月6日 ⇩ 1928年6月7日（4号）	山本京平，野間田金蔵，久保由市	
南方詩人	南方詩人社（鹿児島）	9月10日 ⇩ 1930年9月10日	編・発・町田四郎（1号），編・小野整，発・前田直幸（2号），編・小野，古市竹路，発・古市（3号），編・発・小野（4-8号），編・小野，発・大坪勇（9-10号） ※別掲のとおり	10号 3号のみ『燃林』と改題
悪い仲間	悪い仲間社のち新声社書店（東京）	9月18日（10月号） ⇩ 1928年9月	編・和田信義，発・畠山清身／辻潤，岡本潤，小野十三郎，飯田徳太郎，新居格，萩原恭次郎，畠山清行，内藤辰雄，工藤信，川合仁，佐藤八郎（表紙）	12号。『虚無思想』改題。4号より『文明批評』併合。のち『文芸ビルディング』と改題 表紙に「MALBONA KAMARADO」とあり
祖国と自由！	文明批評社（大阪・南河内郡）	9月20日（3巻1号）	〈同人〉林重雄，大串孝	再刊，この号のみ確認 表紙に「LA PATRIE ET LA LIBERTE」とあり
颱　風	颱風社（東京）	9月20日 ⇩ 11月	発・編・井本尚，印・清水財次郎／山内恭三，井本尚，津田秀夫，吾妻（東）玲二	2号
羅　列	羅列社（東京）	9月 ⇩ 11月	小川増雄，河本正男，津田出之，高橋勝之，中島信，村松敏，斎藤譲吉，安田篤郎	3号。月刊
かちん	無産者自由社	9月	大泉讓	
映　潮	映潮社（東京）	9月まで（3巻9号）		映画評論

農 民 1次	農民文芸会 （東京・北多摩郡）	10月1日 ⇩ 1928年6月1日	編・犬田卯，発・加藤武雄 ※別掲のとおり	9号。のち5次1933年9月まで後継 〈復刻〉不二出版1990
黒 闘	黒闘社 （広島）	10月5日？	萩野他人男	
平民思想 （リーフレット）	平民思想社 （岡山）	10月10日 ⇩ 1928年1月14日（2号）	玉田徳三郎	1号は発禁
夜の都	（広島）	10月12日	吉田昌晴	月刊
関西自由新聞	関西自由新聞社（大阪・泉南郡）	10月15日 ⇩ 1928年3月	発・中尾正義，編・印・平井貞二/〈社員〉久保讓，大串孝，河本乾次，高川幸二郎，二木寛，逸見吉三，杉村直太郎，山岡喜一郎	5号。月刊 のち『黒色運動』（1928年8月5日）と改題
名古屋詩人	名古屋詩人社 （名古屋）	10月 ⇩ 1929年6月	石原政明，伊藤耕人，市川高光，国立富美雄，麦屋南荘，村岡清春，武田実，近藤文子，浅野紀美夫	12号
夜の広島	（広島）	11月1日	吉田昌晴	
社会運動	社会運動社 （岡山）	11月10日 ⇩ 1930年8月1日 （6号）	入江秀夫	
装甲車	装甲車詩社 （兵庫）	11月	坂本順一，浅野紀美夫，薄野寒雄	
黒色文芸	黒色芸術連盟	12月5日？	大前浅市，佐久間貢，加藤実	
行動者	行動者編集所 （東京・杉並町高円寺）	12月8日	編・発・印・星野凖二/入江一郎，野村考子，正木久雄，高下鉄次	1号。全無産階級文芸雑誌 表紙に「THE ORGAN OF LITERARY MOVEMENT IN POINT OF ANARCHISM」とあり
社会評論	社会評論社 （東京・滝野川町）	12月10日 （3号）	発・編・印・大塚貞三郎	3号が創刊号 『黒き群』を改題
サラリーマン運動	関東サラリーマン同盟 （東京・世田谷町池尻）	12月5日	発・編・印・江川菊次郎	1号 表紙に「SALARYMEN'S MOVEMENT」とあり
農民自治		12月（号）	芝原貫一	
白山詩人 2次	白山詩人社 （東京・玉川村）	この年 ⇩ 1929年3月	編・山本和夫，発・乾直恵	〈復刻〉『コレクション・都市モダニズム詩誌（第4巻ダダイズム）』ゆまに書房2010

(1927年)

世紀文学	稲門堂書店	この年 ⇩ 1928年1月	編·上田吉郎，青柳優，渡辺竹二郎 ※別掲のとおり	2巻1号まで。月刊
黒　流	黒流社 （佐世保）	この年 ⇩ 1928年7月 （8号）	編·発　野田欽三/福野穣，千千岩四郎，伊知地直也，伊藤和	
東海黒連情報	東海黒連 （静岡）	この年		謄写版
近代思想	近代思想研究会 （兵庫）	この年 ⇩ 1928年12月	村中俊道	4号
紀伊詩人		この年	村岡清春，岡崎竜夫	1号
黒い砂地		この年		1号。誌紙
聖　化		この年 ⇩ 1939年	住谷天来	
戦線同人	戦線同人社 （神戸）	この年末		
思想批判	思想批判社 （東京）	この年? ⇩ 1931年	発·伊福部隆輝	2巻5号まで
社会思想	社会思想研究会	この年? ⇩ 1929年?	松村元	
自由社会	黒風会	この年?		『黒友』改題紙
労働者評論	クロバ社	この年?		

※文芸解放　〈創刊号同人〉壺井繁治，麻生義，工藤信，飯田徳太郎，矢橋丈吉，萩原恭次郎，小野十三郎，江森盛弥，飯田豊二，萩原四郎，金井新作，岡本潤，吉田金重，柳川槐人，川合仁，村上啓夫，野川隆，岡田龍夫，今西成美，萩原理秀，野村吉哉，山本勘助，辻本浩太郎，溝口稠，宮山栄，庄野義信

※光風地　麦屋南荘（浅野紀美夫），中島春宵，岡田広美，藤本蔦之助，小段重夫，杉沢文目，永井一郎，近藤正夫

※バリケード　磯貝錦一，萩原恭次郎，岡本潤，小野十三郎，河本正男，高橋勝之，中島信，津田出之，草野心平，矢橋公麿，土方定一，東宮七男，原理充雄，坂本遼，細田英之，妻木泰治，菱山修三，斎藤譲吉，江森盛弥，斎藤秀雄，岡田刀水士，局清，横地正次郎，手塚武，梅津錦一，碧静江，尾崎喜八，三野混沌，田辺若男，遠地輝武，田中均，広沢一雄，新居格，麻生義，伊藤整，斎藤峻，井上康文，畠山清美，北晴美，寺尾実，森下義夫，猪狩満直，金井新作，本間尚文，森佐一，村田春海，上脇進，松本淳三，小川増雄，長田滋利，鱶十郎，坂本七郎，鈴木白屋

※南方詩人　佐藤惣之助，萩原恭次郎，佐藤英麿，神谷暢，尾形亀之助，菊池亮，ルドルフ·ゴロツキー，新屋敷幸繁，金城亀千代，有島盛三，秋正夫，四元実，野辺守武，坂口森三，深川英子，橋口正則，入部兼重，岡本信夫，大坪孤舟，松本十丸，迎江里祐夫，岬凉子，小波芳文，草野心平，手塚武，前田北郎，鱶十治，安藤一郎，新垣朝夫，有吉弘，野村考子，加世田睦子，藤田文江，林ひろ子，砂山歌子，夏草茂太郎，徳永祐慶，鹿島豊，青沼利一，稲森星村，騎士健児，南正夫，河野四十，永田峯義，鵜本紅汀，池端しずを，大漉実人，高村光太郎，尾崎喜八，森佐一，竹内てるよ，木山捷平，黄瀛，坂本遼，碧静江，大鹿卓，岡田刀水士，野口米次郎，岡本潤，杉山市五郎，猪狩満直，赤松月船，小野十三郎，坂本七郎，平正夫，池

田太市，矢橋丈吉，竹見竹雄，徳永徳次，下田惟直，林信一，神戸雄一，高倉輝，英美子，杉江重英，正富汪洋，遠地輝武，戸山卯三郎，角田武夫，宮崎孝政，生田花世，服部嘉香，白鳥省吾，広瀬操吉，内藤千乃，太田邦，中村恭二郎，米沢順子，中西悟堂，横地正次郎，内藤健児，岩瀬正雄，山本和夫，鈴木すみ子，鈴木正枝，浅野紀美夫，藤井清士，金井新作，岡谷権蔵，小森盛，更科源蔵，薄野寒雄，森竹夫，伊藤信吉，大西重利，楠田重子，高橋たか子，林芙美子，福富菁児，三宅幾三郎，高橋俊人，徳永草路，日野春助，生田春月，田村栄，関谷祐規，大河原元，栗木幸次郎，吉田雅子，堀寿子，長田恒雄

※**農民・1次**　犬田卯，中村星湖，加藤武雄，白鳥省吾，石川三四郎，和田伝，五十公野清一，帆足図南次，鑪田研一，黒島伝治，佐々木俊郎

※**世紀文学**　西沢揚太郎，岡田赤城夫，大島昌夫，沖大助，渡辺竹二郎，和田佐久，加藤豊男，永井正次，村田蒼生，上田吉郎，黒岩末吉，藤村嗣，青柳優，水盛源一郎，須可賛之助

1928（昭和3）年

関西自連	関西自由新聞社（大阪・泉南郡）	1月	発・中尾正義/編・印・平井貞二	関西自由新聞・号外，組合員のみ配布。謄写版
自由人	（名古屋）	1月	鈴木茂雄	
村落	（名古屋）	1月	加藤正信，石川忠二	
互助運動	黒友連盟	1月	元心昌，張祥重，呉致燮	創刊か？（黒友会を改称）
アナーキズム文献出版年鑑（1928年版）	社会評論社（東京・滝野川町）	2月20日	編・発・大塚貞三郎	〈復刻〉黒色戦線社1986
アナーキ	黒闘社（神戸）	2月28日（3巻3月号）⇩8月	発・編・米山謙治	5号？ 3巻3月号が創刊号 全国黒闘社機関誌『黒闘』改題
大衆評論2次	大衆評論社（静岡）	2月⇩1929年1月（3巻1号）	服部豊（出資）※別掲のとおり	11号 のち『貧乏人新聞』へ継承
社会芸術	社会芸術社（小樽）	2月⇩3月（1巻4月号）	発・中出荘七/渡辺茂，沢田鉄三郎，岡本潤，小野十三郎，萩原恭次郎，石川三四郎，金井新作，田中五呂八	アナキズム芸術・思想雑誌
経済戦線	（大阪）	2月	野洲伝三郎	
田園と工場	田園と工場社（水戸）	3月19日	発・編・印・木村英二郎	1号 表紙に「KAMPO KAJ UZINO」とあり
非台湾	（台湾）	3月20日	稲垣藤兵衛，〈寄稿〉中西伊之助	
無政府主義研究	A思想協会（東京）	3月⇩6月15日	発・前田淳一/麻生義，石川三四郎，新居格，八太舟三	2号

無軌道	（福島）	3月 ⇩ 12月		4号（12月）のみ確認
パンと自由	パンと自由社 （群馬・高崎）	4月1日 ⇩ 5月	編・発・印・長谷川武/星野準二	2号
民衆の中へ	民衆社 （大阪・ 富田林町）	4月5日 ⇩ 1929年9月 11日	発・印・山岡喜一郎，編・大串孝 /〈地方事務所〉岡田勘次郎，岩 本秀司，井上春雄，田口俊二	4号 表紙に「V. NARODO!」と あり
北極星	北極星社 （東京）	4月15日 ⇩ 7月15日	発・鈴木靖之/石川三四郎，星 野準二，野村考子，小野十三 郎，安谷寛一，八太舟三，木下 茂，新居格，草野心平，藤島好 夫，小杉美智子，伊東健太郎， 和田信義，飯田豊二，中村陽 二，二見晋次，高木鉄次，藤原 肇	3号。月刊 のち『無政府思想』に改題
関東一般労 働者組合報	関東一般労働 者組合	4月28日 ⇩ 9月1日		3号
瓦斯労働	瓦斯工組合	4月	熊木十一	1号
屠殺者	（名古屋）	4月	吉川春雄，吉崎吉ヱ門	
虚無者	虚無社	4月	平野正夫	
都会詩人	都会詩人社 （名古屋）	4月	鈴木惣之助，落合茂	10号。 1929年7月（2巻3号），同10 月（2巻4号），1930年1月（3 巻1号）を確認 『社会詩人』へ継承
民間文化周 刊	（中国）	4月	毛一波	『民衆日報』の副刊
全詩人連合	全詩人連合事 務所 （東京）	4月 ⇩ 5月	発・編・尾形亀之助，菊田一夫， 印・安江次朗 ※別掲のとおり	2号 のち『新詩学』へ継承
左翼芸術	左翼芸術同盟	5月1日	壺井繁治（名義人）/三好十郎， 江森盛弥，高見順，竹中英太 郎	1号
文化戦線	（中国・上海）	5月1日	毛一波	週刊
恐怖時代	恐怖時代社 （東京・新広尾 町）	5月1日	編・発・印・平見思郎/〈同人〉藤 島国利	1号
自由労働者	自由労働自治 会	5月1日		

現代文芸	素人社	5月（4号） ⇩ 1930年 （7巻5号）	発・編・金児農夫雄/北川冬彦，井東憲，サトウハチロー，佐藤惣之助	
別働戦		5月	発・黒原英嗣郎（奥山重義）/浅野紀美夫，石原政明	半営業紙
ラ・ミノリテ	ラ・ミノリテ社	5月	荒木秀雄，畠山清行	
単騎	川合書店 （東京）	6月1日 ⇩ 10月13日	編・発・印・矢橋丈吉/岡康雄，西村豊吉，川合仁，飯田徳太郎，土方定一，岡本潤，畠山清行，局清，泉斜汀，尾崎喜八，古田徳次郎，上脇進，飯田豊二，西川勉，畠山清身，中村登三	3号 表紙に「SINGLE HANDED」とあり のち11月『矛盾』と合併
黒旗は進む	黒旗は進む社 （東京）	6月10日	発・編・松村元/小野十三郎，麻生義，土方定一，萩原恭次郎（筆名・杉山扶助），三野混沌，吉沢白彦，鵜島健自，古田徳次郎，谷丹三，黒沢四郎，飯田豊二，高群逸枝，千々和蘭次	1号。無政府主義芸術雑誌
革命研究	革命思想研究会（東京）	6月10日	発・編・印・山本義昭	1号 2号より『社会評論』に改題
奪還	在中国朝鮮無政府主義者連盟（上海）	6月	柳基石，安恭根（柳基錫），李丁，韓一元，伊浩然，李丁奎	〈復刻〉ソウル
手旗	手旗社 （静岡）	6月 ⇩ 8月？	柴山群平/坂本七郎，杉山市五郎，小野整，神山康人，湊英季，小田巻次郎，唐沢伊那夫，横地正次郎，服部豊，〈同人〉渡辺渡，永井善太郎，金井新作	3号？　詩誌
黒蜂	黒蜂社 （東京）	6月 ⇩ 11月	発・佐々木富治/加藤哲二郎，西山浩，植田信夫，塩長五郎，松村元，岩崎奇作（1-2号）発・塩長五郎（3号）	5号 のち『黒色戦線』1次に継承
女人芸術 2次	女人芸術社 （東京・牛込）	7月1日 ⇩ 1932年6月1日	発・長谷川時雨，編・素川絹子，印・生田花世	48号。月刊 〈復刻〉龍渓書舎1981，不二出版1987
矛盾	矛盾社 （千葉のち東京）	7月10日 ⇩ 1930年2月1日	編・発・印・五十里幸太郎	8号 28年11月，3号で『単騎』と合併 8号表紙に「アナーキズム文芸思想雑誌」とあり 〈復刻〉緑蔭書房1989

（1928年）

正義と自由	不逞琉人社 （沖縄・糸満）	7月15日	編・発・比嘉栄/屋宜盛則，城田徳隆	1号 表紙に「RIGHTEOUS-NESS & LIBERTY」とあり
黒旗は進む （リーフレット版）	黒旗は進む社 （東京・高円寺）	7月21日	編・発・印・松村元/麻生義，萩原恭次郎	無政府主義思想誌 表紙に「THE BLACK BANNER」とあり
至上律	至上律社 （釧路）	7月 ⇩ 1929年11月	発・渡辺茂	8号（通刊12号） 『港街』改題5号が創刊号
現代文化	（中国・上海）	8月1日	毛一波，張謙弟，廬剣波，柳絮	革命文学論争
農　民 2次	農民自治会 （東京・芝区）	8月5日 ⇩ 9月8日	発・編・竹内愛国	2号 〈復刻〉不二出版1990
黒色運動	黒色運動社 （大阪・泉南郡，事務所は浪速区）	8月5日 ⇩ 10月21日	発・編・印・逸見吉三，経営担当・田淵義輝	2号 『関西自由新聞』の改題 表紙に「NIGRA MOVA-DO」とあり
社会評論	革命思想研究会 （東京・霞町）	8月12日 （2号）	発・編・印・山本義昭	この号のみ確認 『革命研究』の改題 表紙に「LA SOCIAL RE-VUO DE ANARKIIS-TOj」とあり
無政府	AC労働者連盟 （東京・本所区）	8月15日	編・印・発・加藤宣雄	1号 表紙に「THE ANAR-CHI」とあり
黒　旗	認識と解放社 （東京）	8月15日 ⇩ 1929年1月5日	藤尾清三郎/北浦馨，石川三四郎，新居格，松村元，戸田鉄児，麻生義	2号
関東地方労働組合自由連合会リーフレット	関東地方労働組合自由連合会（東京・本所区のち府下大島町）	8月25日 ⇩ 12月9日	発・編・印・高橋光吉(1号)，村田常次郎(2号)	2号
二十世紀	二十世紀社 （東京）	8月 ⇩ 10月1日	編・印・発・山内恭三/松田巌，丹沢明（青柳優），植田信夫，山岡英二，中本弥三郎，南条葦夫，吉沢専弥，東玲二，森辰之助	2号。月刊 のち『黒色戦線』1次に継承
底　路	愚人連盟 （東京）	8月	発・編・印・西山勇太郎/高群逸枝，山田彰	1号 謄写版
無政府主義	解放戦線社 （東京）	8月	松浦良一	

東　方	東方無政府主義者連盟	8月		朝鮮語・中国語・日本語で記載
風が帆綱に侘しく歌ふよ	風が帆綱に侘しく歌ふよ社（新潟）	8月⇩1929年2月（7号）	発・亀井義男/浅弘見(浅井十三郎)，南千秋(阿部清)，三谷川篤，阿部太郎，伊藤武英，原素子	7号のみ確認
文芸ビルデング	新声社書店（東京）	9月23日⇩1929年10月	発・編・畠山清行/畠山清身，新居格，飯田徳太郎，安成二郎，小川未明，島田清次郎，局清，小林輝	通刊23号。月刊『悪い仲間』の改題
未踏地	未踏社（東京・小石川）	10月1日⇩1931年2月20日(12号)	編・発・吉見正雄，4号から編・発・印・松本貞太郎	12号
黒色文芸	黒色文芸社（東京・杉並町高円寺）	10月1日⇩11月5日	発・編・印・星野準二※別掲のとおり	2号。無政府主義文芸雑誌のち『黒色戦線』1次に継承
労働者の叫び	AC労働者連盟（東京・東中野のち淀橋町）	10月15日⇩1929年2月5日	発・編・印・松井勇/長友巌，秋本義一，三上由三，三田修，渡辺勝，南一郎，片岡捨三，小村真晴，黒木笹夫，佐野甚造，平見思部，横倉辰次，宮島憲，長沼力	2号表紙に「LA KRIO DE LABORISTO」とあり
グロテスク	グロテスク社（東京・文芸市場社内）	10月15日⇩1931年8月	編・梅原北明/酒井潔，大泉黒石	20号。月刊のち『秘戯指南』『らぶ・ひるたあ』『ビルダー・レキシコン』を発刊するが全て発禁
太洋文学	近代書房（横浜）	10月	安田樹四郎，〈寄稿〉柴山群平，大江満雄	
漂　人	詩芸術社（名古屋）	10月	石原政明，大西俊，宮田丙午，吉川春雄	
海　豹	（名古屋）	10月	佐藤栄治，石原政明	佐藤栄治個人誌
一千年	一千年社（名古屋）	10月	※別掲のとおり	3号か4号
関西実業		10月頃	中村勝治	
自由連合新聞号外東京一般労働組合版	全国労働組合自由連合会（東京・京橋区）	11月25日⇩1929年6月20日	編・印・発・梅本英三(3-4号)	4号
奴隷の血	（東京）	11月頃	松藤鉄三郎/大日方盛平，増田貞二(治)郎	

学　校	学校社 （群馬・前橋）	12月25日 ⇩ 1929年10月	発・編・草野心平 ※別掲のとおり	7号 謄写版6号のみ東京発行
壱千九百二 十八稔の一 部	白山詩人社 （東京・玉川村）	12月	編・白井一二 ※別掲のとおり	白山詩人によるアンソロジー
先駆文芸		12月 ⇩ 1929年2月 （3号）	※別掲のとおり	3号
黒　林	第一芸術社 （松山）	この年	発・宮本武吉	謄写版
自由人	自由人社 （三原）	この年か ⇩ 1931年9月 15日（11号）	原田凡/青山大学	
自由新聞	（大阪・水崎町）	この年？		
事業と神戸 新聞	（神戸）	この年？	中西愛一（中西勝治の兄）	
歓楽新聞	（神戸）	この年？	中西兼松，三木滋二，笠原勉，井上信一，芝原淳三，小林一信，柳川正一	
青果新聞	（神戸）	この年？	中西兼松，三木滋二，笠原勉，井上信一，芝原淳三，小林一信，柳川正一	
神港社会評 論	（神戸）	この年？	中西兼松，三木滋二，笠原勉，井上信一，芝原淳三，小林一信，柳川正一	

※**大衆評論・2次**　服部豊，由井正一（牧野修二），桑名哲夫，野村索，瀬川竜（岡村恒夫），中島要，石川三四郎，遠藤喜一，江川菊次郎，山田作松，滝川創（石川熊雄），匹田治作（疋田治作）ら。2巻7号より発・疋田治作/後藤黒水，古川時雄，逸見吉三，奥猛，山崎佐一（市）（出資），平尾渡，佐藤敬一，松谷功，東健児，高木敬四郎，平井貞二，杉東四郎，蘆剣波，大阪柳，大塚昇，永露文一（郎），河合康左右，黒杉佐羅夫，浅井毅舟，中村生，後藤広数

※**全詩人連合**　〈世話人〉安藤一郎，赤松月船，神谷暢，草野心平，三好十郎，大鹿卓，岡本潤，小野十三郎，サトウ・ハチロー，吉田一穂，萩原恭次郎

※**黒色文芸**　（1号）望月桂，鈴木靖之，荒木健三，新居格，和田一雄，中村陽二，野村考子，井口実，草野心平，竹内てるよ，谷戸龍介，井上徹，阿部渡，飯田豊二，星野準二，（2号）鈴木，藤原肇，井上，朴漢城，小杉美智子，野村，草野，東純一，杉山市太郎，木下茂，金井新作，望月百合子，矢橋丈吉，望月桂

※**一千年**　浅野紀美夫，岡本潤，石田開二，石原政明，竹内てるよ，板谷栄治，横地正次郎，柴山群平

※**学校**　草野心平，伊藤信吉，横地正次郎，逸見猶吉，金井新作，岡本潤，竹内てるよ，神谷暢，森竹夫，萩原恭次郎，小野十三郎，坂本七郎，三野混沌，坂本遼，猪狩満直，森佐一，小森盛，尾形亀之助，〈寄稿〉大江満雄，高村光太郎，尾崎喜八，岩藤正雄，黄瀛，山本和夫，杉山市五郎，吉田一穂

※**壱千九百二十八稔の一部**　山本和夫，乾直惠，白井一二，沢木隆介，村松ちゑ子，河本正義，石井秀，吉田壮太，森正安，中村三郎，岩瀬正雄

※**先駆文芸**　神戸進一，野村吉哉，太田千鶴夫，松田重造，〈寄稿〉高村光太郎，萩原恭次郎，森三千代，舟橋聖一，蔵原伸二郎，中村漁波林，壺井繁治

1929（昭和4）年

第　二	第二発行所 （東京・渋谷 のち八王子）	1月15日 ⇩ 11月（10号）	発・末繁博一/坂本七郎，伊藤 信吉，横地正次郎，柴山群平， 竹内てるよ	9号 謄写版
自由連合運 動	関東地方労働 組合自由連合 会（東京・府下 大島町）	1月20日 （3号） ｜ 2月27日 （4号）	発・編・印・村田常次郎	4月刊行の大阪『自由連合 運動』とのちに合併?
無政府思想	無政府思想社 （東京）	1月20日	星野準二/牟田征紀，鈴木三四 郎	『北極星』を改題
自由青年	自由青年連盟	1月31日	洪永祐	
自画像	自画像発行所 （豊橋）	1月	発・編・山本一夫	復活1号
歩　道		1月 ⇩ 4月		4号確認
忘　却	神戸労働者 自由連盟	この年 （初め頃）	多田英次郎	
黒色戦線 1次	黒色戦線社 （東京）	2月1日 ⇩ 12月1日	編・発・印・星野準二	7号。無政府主義文芸雑 誌 『二十世紀』『黒色文芸』 『黒蜂』の合同誌 1号表紙に「LA ORGANO DE ANARCHISMO」，2号 表紙に「LA ORGANO DE L'ANARKIISTO」とあり 〈復刻〉黒色戦線社1975
社会理想	社会理想研究 会，自由書房 （東京）	2月10日 ⇩ 6月	発・編・印・大塚貞三郎/〈編集 委員〉新居格，松村元〈同人〉安 部正，越智鼎，古田徳次郎，伊 東源二，小松京介，松村，松谷 幹雄，宮田晃一，新居，杉村紀 一郎，九十九一，安威三郎	2号
農民自治 リーフレッ ト	農民自治会 全国連合	2月17日 ⇩ 5月1日	編・発・瀬川知一良	3号。2号，3号は『農民自 治会リーフレット』
埼玉自治新 聞	経済と宗教社 （大宮）	2月23日 （10号）	編・印・発・望月辰太郎/〈同人〉 辻鈴風，高橋鈴光，中村重雄， 川田岩洲	この号のみ確認 月2回
処女地	処女地社 （愛知・佐屋）	2月	発・編・印・真野志岐夫/横居憲 蔵，浅井毅，井東進一郎	1号

農民3次	全国農民芸術連盟（東京・千歳村）	3月10日 ⇩ 1932年1月	発・編・鑓田研一(1-19号), 犬田卯(20-32号)	32号。ほかリーフレット1号。最終2号の発行は,農民自治文化連盟〈復刻〉不二出版1990
自由の先駆	解放戦線連盟（大阪・守口町）	3月17日	発・編・印・小倉敬介/〈同人〉蔵本光次郎, 林隆人	1号
解放運動	朝鮮東興労働同盟	3月25日	李政圭	朝鮮文
信州青年新聞	信州青年新聞社（長野・池田町）	3月 ⇩ 5月5日(5号)	発・編・印・山崎武義	5号。旬刊
自由連合運動	全国労働組合自由連合協議会組織準備会（大阪のち千葉, 事務所は東京府下大島町）	4月10日(3号) | 30年5月20日(10号)	編・印・発・逸見吉三(3-6号), 高橋光吉(7-10号)	3号から自協準備会機関紙となる 1930年4月25日の号外あり
自由連合新聞号外東京印刷工組合版	全国労働組合自由連合会（東京）	4月18日(3号) | 6月20日(4号)	編・印・発・梅本英三	
文学地帯	新創人社（愛媛・温泉郡久米村）	4月 ⇩ 8月10日(1巻3号)	発・木原良一/伊福部隆輝, 宮本武吉, 杉山市五郎, 木原茂, 浅野紀美夫	3号
詩街人	詩街人社	4月	発・編・野田菊雄/伊藤伊太郎	
アナキスト詩集	アナキスト詩集出版部（東京）	5月1日	発・編・鈴木柳介 ※別掲のとおり	アンソロジー 〈復刻〉戦旗復刻版刊行会1983
吹雪	羅針社（札幌）	5月	発・薄野寒雄/黒杉佐羅夫, 竹内てるよ	1号
彗	千葉詩人会	5月	鈴木勝, 伊藤和, 土屋公平, 松崎武雄. 田村栄, 小原義正	
文学時代	新潮社（東京）	5月1日 ⇩ 1932年7月	生田春月, 村山知義, 内田百間, 室生犀星	4巻7号 〈復刻〉ゆまに書房1995-96
印刷工連合リーフレット	東京印刷工連合会のち関東地方自由連合協議会（東京・本所区のち神田区）	6月5日 ⇩ 1930年6月1日	編・印・発・入沢三郎(1号), 古堅弘毅(11号)	11号

大和詩園	大和詩園 （奈良県吉野郡と龍門村蒲林草舎）	6月 ⇩ 8月（2号）	発・前尾房太郎，編・増井美夫（桝井美夫）/植村諦，野長瀬正夫，山本静香，里井美秋，邑橋利良	『大和山脈』の後継誌
貧乏人新聞	無産者自治連盟（静岡）	6月 ⇩ 7月20日	編・印・発・疋田治作（4号）/大塚昇，沢田武雄（疋田治作・沢田武雄の共同編集）	4号 表紙に「SENHAVULO」とあり 大衆評論社解散で『大衆評論』の後継紙。のち『無産者自治新聞』へ継承
新詩学	エロス堂書房（東京・浅草）	6月	発・馬上義太郎，編・日野春助/萩原恭次郎，森竹夫	1号 『全詩人連合』の後継詩誌
断　言	断言社（大阪・西淀川区のち天王寺区）	7月3日 ⇩ 12月8日	編・発・印・多田文三（1号），奥村秀男（2号）/岡崎竜夫，毛呂博明，中西維三郎，高橋新吉	2号
解放新聞 2次	解放新聞社（東京・吉祥寺）	8月5日	編・印・発・山田真一/〈同人〉瓜生五郎，後藤学三，斎藤修造	1号
民衆自治	民烽社（東京・駒沢町）	8月15日	発・編・印・小泉哲郎	1号
先駆詩人	先駆詩人協会（松山）	8月 （2巻8号）	発・編・印・木原茂	『松山詩人』の改題
労農運動	解放社（東京）	8月（1巻2号） ｜ 1932年5月 （4巻5号）	延島英一	
民衆岡山	民衆岡山社（岡山）	8月末	玉田徳三郎	不定期刊。30年1月8日，8月6日（3周年記念号）も刊行
民友時報	（姫路）	9月10日 ⇩ 1930年（13号）	寺田格一郎	月2回
無産者自治新聞	（静岡）	9月	沢田武雄，小松亀代吉，桑名哲夫	『貧乏人新聞』後継紙
国際情報/ 国際労働者	国際情報発行所のち国際労働者（東京）	9月？ ⇩ 1931年3月15日 （更生2号）	白井新平（山本三郎）/李弘根	通巻7号？ 半月刊 1930年2月4号で改題 謄写刷
無首領者	無首領社（大阪）？	9月までに	仲元愛高?，和佐田芳雄	

昭和公論	（神戸）	10月4日 ⇩ 1930年（39号）	中西愛一	月2回
関西水平新聞	全国水平社関西解放連盟 （大阪・南河内郡）	10月15日	発・編・印・山岡喜一郎／〈同人〉梅谷新之助，岡田勘二郎，前川敏夫，岩本秀司	1号 〈復刻〉『初期水平運動資料集』不二出版1989
大地に立つ 1次	春秋社 （東京）	10月 ⇩ 1931年1月	編・加藤一夫，発・神田豊穂	16号 ほかに『大地パンフ』あり
La Anarkiisto	（東京・京橋区）	11月1日 ⇩ 1931年1月 （8号）	編・発・印・島津末二郎（1-3号），安井義雄（4-8号）／山鹿泰治，平松義輝，古河三樹松	12号？ 8号（1931年1月）まで確認 エスペラント誌
ディナミック	共学社 （東京・千歳村のち船橋）	11月1日 ⇩ 1934年10月1日	発・編・印・石川三四郎	59号。月刊 個人誌 〈復刻〉黒色戦線社1974
駝鳥	駝鳥社 （東京）	11月5日	寺尾実，上村実	1号
開墾者	開墾社	11月	大内捷一，近藤正夫	
犀	北方詩社 （山形）	12月5日 ⇩ 1933年10月1日	編・発・印・長崎浩／井上長雄，鈴木健太郎，更科源蔵，真壁仁，猪狩満直	19号 〈復刻〉故園荘1974-77
地方自連闘争ニュース	関東地方労働組合自由連合会 （東京・大島町）	12月10日	発・高橋光吉	この号のみ確認
鉄と花	誌芸術社 （東京）	12月15日 （12月号）	編・発・三十七年竜吉／田村栄，野長瀬正夫	
学校詩集	学校詩集発行所 （東京・渋谷町）	12月31日	発・編・伊藤信吉 ※別掲のとおり	1929年版アンソロジー 〈復刻〉麦書房1981，戦旗復刻版刊行会1983
前衛文学	前衛文学社 （東京）	12月 ⇩ 1930年5月 （2巻2号）	小野十三郎	
壁	壁詩社 （水戸）	この年 ⇩ 1930年2月 （2巻1号）	発・編・神谷三之助 ※別掲のとおり	5号（2巻1号） 文芸誌

号外・芝浦労働	（瓦斯労働版）	この年 ⇩ 1930年7月	瓦斯工組合（『芝浦労働』の名義権利を借用したもの）	10号 謄写版
蜜蜂		この年	加村喜一（中村吉次郎）	謄写版
追放	自由民衆社 （兵庫）	この年	小松原弘，岩切亮一	
白星	白星詩人社 （兵庫）	この年	小松原弘	
路傍詩人	（名古屋）	この年	加納喜三郎，浅野紀美夫，服部博次，海老名礼太	
相互扶助		この年? （1930年?）		2号
自総ニュース	大阪自由総合労働組合	この年?		
山娘	秩父文芸社 （埼玉）	この年?	橋本貞治	
自由連合	自由協議会大阪	この年頃?		
文芸アパート	文芸アパート社（横浜）	この年頃?	発・伊藤公敬	

※**アナキスト詩集** 鈴木柳介/猪狩満直，萩原恭次郎，畠山清身，星野準二，岡田刀水士，神谷暢，小野十三郎，岡本潤，金井新作，横地正次郎，竹内てるよ，高下鉄次，局清，野村考子，草野心平，矢橋丈吉，手塚武，坂本遼，三野混沌，秋岡潤一，碧静江

※**学校詩集** 有島盛三，萩原恭次郎，広田万寿夫，碧静江，逸見猶吉，伊藤和，猪狩満直，岩瀬正雄，伊藤信吉，黄瀛，神谷暢，小森盛，草野心平，木山捷平，金井新作，宮崎孝政，三野混沌，森佐一，森竹夫，岡本潤，尾形亀之助，尾崎喜八，大江満雄，小野整，小野十三郎，更科源蔵，杉山市五郎，坂本遼，薄野寒雄，坂本七郎，柴山群平，局清，高村光太郎，竹内てるよ，吉田一穂，山本和夫，横地正次郎

※**壁** 尾形亀之助，石川善助，小森盛，竹内てるよ，遠地輝武，金井新作，碧静江，更科源蔵，日野春助，渡辺茂，真壁仁，宮崎実，山川景太郎，久米七郎，岩瀬正雄，神谷三之助

1930（昭和5）年

解放運動	解放運動社 （岡山）	1月1日(3号) ｜ 7月20日 (3周年記念号)	小松勝法	
第一芸術	第一芸術社 （松山）	1月1日 (5月?)	発・印・宮本武吉，編・木原良一，木原茂，藤田唯志/名本栄一，小川信男，竹内てるよ，伊藤耕人	『文学地帯』『先駆詩人』の合併
黒旗	黒色戦線社 （東京・吉祥寺）	1月1日 (2巻1号) ⇩ 1931年5月 10日(3巻4号)	発・編・印・星野準二	15号。無政府主義戦闘誌『黒色戦線』を継承 〈復刻〉黒色戦線社1987

北緯五十度	北緯五十度社 （北海道・ 弟子屈）	1月20日 ⇩ 1935年6月	発・更科源蔵/猪狩満直，渡辺茂，真壁仁	11号 『至上律』の発展誌 謄写版
行　歌	行歌舎 （東京）	1月28日 （3巻1号）	編・発・大石正字，印・黒木樹芳/水島哲夫，高須茂，左部千馬	短歌雑誌。表紙に「ATARASHIIUTA」とあり。のち『短歌解放』に改題
詩道場	（岡山）	1月 ⇩ 1938年まで	佐藤洞夢	
底　流	底流社 （大阪）	1月	遠藤喜一，吉村明，高嶋三治	3号 のち『解放思潮』に改題，継承
黒　戦	レボルテ書房 （千葉）のち黒戦社（横浜・東京）	2月1日 ⇩ 1931年 10月3日	発・編・印・塩長五郎	6号。無政府主義文芸・思想雑誌 『黒色戦線』分裂による反『黒旗』派のもの 〈復刻〉黒色戦線社1988
ニヒル	ニヒル社 （東京）	2月5日 ⇩ 5月1日	編・発・印・亀田督/竹下絃之介，辻潤，卜部哲次郎，小野庵保蔵，萩原恭次郎，百瀬二郎，飯森正芳，武林無想庵，生田春月	3号
弾　道 1次	弾道社 （東京）	2月15日 ⇩ 1931年5月	編・小野十三郎（1-4号）/発・編・秋山清（5号から）/植村諦，鑓田研一，岡本潤，竹内てるよ，草野心平，奈良重穂	7号 〈復刻〉戦旗復刻版刊行会1978
死の旗	死の旗社 （東京・田端）	2月15日	発・編・印・太田季吉/〈同人〉海明久夫，北達夫（宮島義勇），峯松太一，左部千馬，横地正次郎	1号。戦闘的アナキスト詩誌
根拠地	根拠地発行所 （東京・ 下駒沢町）	2月 （1巻2号）	発・編・印・安川三郎/松永鹿一，尾山始，長島権平	この号のみ確認
溶鉱炉	溶鉱炉社 （豊橋）	2月	発・編・安形右衛（仲原姓?）/うがひちさと，香河十，乙川伸，神木乙馬，榊原重夫，五味文男，鈴木秋男，富田進之助	
異端街	（名古屋）	2月	編・肥田伊佐男/森哲博，大島友次郎，安田佐和子	
詩文学	詩文学社	2月 ⇩ 1931年4月	発・編・中村漁波林 ※別掲のとおり	15号

十二番街	（名古屋）	この年初め頃？	発・編・伊藤正一/石原政明，大内捷一，岩瀬正雄，村岡清晴，和田英，伊藤耕人，浅野紀美夫，坂本七郎	詩雑誌
婦人戦線	婦人戦線社（東京）	3月1日 ⇩ 1931年6月1日	発・編・印・高群逸枝（1-2号），橋本逸枝（3-15号），城夏子（16号）	16号 〈復刻版〉緑蔭書房1983
自由連合主義	黒色青年自由連合のちアナルキスト青年連盟（大阪・住吉区）	3月5日 ⇩ 7月1日	発・編・印・松谷功/〈同人〉村上義雄，小山紋太郎，花田清，大串孝，日高藤，上野克己，李ネストル，森分忠孝，山岡喜一郎，山口勝清，原田凡，片岡捨三，小林辰夫，黒川哲夫，山田五郎	3号 1号の表紙に「LA LIBERA FEDRISMO」とあり。3号の表紙は「LA ANARKIISMO」と変更
宣　告		3月		
貨物列車	貨物列車社（大阪）	3月（2巻3号）	発・平野光一/森山啓，越中谷利一，浅野純一，内藤辰雄，八木秋子	この号のみ確認
ナボドネニー	氾濫社（神戸）	4月10日（1巻2号） ⇩ 12月10日（5号）	発・佐竹良雄（中村智），安宅良治	
黒潮時代	黒潮時代社（北海道・夕張郡）	4月10日	編・発・印・小柄作雄（沙皎） ※別掲のとおり	
風俗資料	風俗資料刊行会（東京）	4月10日 ⇩ 6月	編・発・印・山下登，印・山村三孝	3号。月刊
黒色労働者	黒色労働者連盟（東京）	4月20日 ⇩ 6月	編・発・印・小野長五郎/村上義博，三上由三，秋本義一，井上新吉	3号。無政府主義戦闘誌
社会批判	社会批判社（広島）	4月	荻野他人男，片岡捨三，河上（川上）剛	
自由連合	東京一般労働組合（埼玉），事務所（東京・浅草）	5月1日 ⇩ 6月	編・発・印・小川猛	2号
解放運動	解放運動社（名古屋）	5月10日	小河国吉	
短歌解放	行歌舎（東京）	5月11日（5月号・5巻1号）	編・発・大石正字，印・苅谷源次郎	『行歌』改題。表紙に「ANARCHISM GYOKA」とあり。アナキズム短歌雑誌

自由人	自由人社 （東京）	5月15日 ⇩ 1931年2月 3日	編・発・印・鈴木靖之	5号 〈復刻〉『農村青年社事件・資料集「別冊・付録」』農村青年社運動史刊行会1997，創刊号のみ復刻
黒旗ニュース	黒色戦線社 （東京・吉祥寺）	5月22日	星野準二	〈復刻〉『黒旗』黒色戦線社1987
社会詩人	社会詩人社 （名古屋）	5月（11号） ⇩ 1935年9月 （29号）	発・落合茂 ※別掲のとおり	19号（通刊29号）。『都会詩人』の改題
ギロチン	農民芸術連盟 （会津）	5月		
馬	馬社 （千葉・栄村）	5月 ⇩ 1931年2月 8日（8号）	発・伊藤和，編・田村栄/鈴木勝	8号 詩誌
宣　言	宣言社	6月		
大衆公論リーフレット	大衆公論社 （岡山）	6月15日	高原辰夫	
神戸自労ニュース	神戸自由労働組合 （神戸）	6月23日 ⇩ 6月30日	多田英次郎，内藤好雄	2号。2号は発禁 『神戸黒労ニュース』へ継承
生活思想	生活思想研究会　（東京・大森町）	6月25日 ⇩ 1932年5月	発・編・印・佐野甚造/八太舟三，竹内てるよ	19号 表紙に「LA VIVA IDEO」とあり
詩・現実	武蔵野書院 （東京）	6月 ⇩ 1931年6月	編・前田武/北川冬彦，飯島正，神原泰/〈寄稿〉伊藤信吉，小野十三郎，萩原恭次郎，春山行夫	5号。季刊 〈復刻〉教育出版センター1979
黒戦ニュース	黒戦社	6月		
黒色労農新聞/労働者新聞	自由連合団体全国会議のち日本労働組合自由連合協議会（黒色労農新聞社，労働者新聞社)(埼玉・神奈川・東京など，事務所は東京・浅草）	7月1日 ⇩ 1934年11月20日（42号）	発・編・印・小川猛/小川一郎，白井新平，宇田川一郎，高橋光吉，田所茂雄	19号（通刊42号）。月刊表紙（7号以降）に「LA NIGRA LABORISTO KAJ FARMISTO」とあり 『労働者新聞』への改題号は，1932年6月号（20号）。団体名変更は1932年1月

産業労働リーフレット	産業労働調査会　（岡山）	7月1日	重実逸次郎	
農民自由連合	農民自由連合発行所のち農民自由連盟事務所（東京・吉祥寺のち京橋区）	7月5日 ⇩ 8月27日	発・編・印・井上新吉(1号)，梅本英三(2号)	2号『小作人』3次を継承〈復刻〉『小作人』黒色戦線社1989
神戸黒労ニュース	神戸黒色労働者連盟(神戸)	7月9日 ⇩ 7月13日(2号)	多田英次郎，内藤好雄	1号は発禁。『神戸自労ニュース』の改題
解放思潮	解放思潮社（大阪・港区）	7月15日 ⇩ 10月	発・編・印・遠藤喜一/藤岡美智夫，藤川与一，前島浩一，河本乾次，谷川潜，秋本義一，千早荘一，黒川猛夫，寺尾実，牛島茂	4号？　解放運動戦闘誌『底流』改題誌
黒色新聞	東興労働同盟と黒友自由青年連盟(東京)	7月22日 ⇩ 1935年5月	当初，東興労働同盟の李烈らが中心。32年6月11日発行(吉祥寺・黒色新聞社)の6号の編・印・発は呉致燮	37号。朝鮮文再刊計画中に新聞法違反の逮捕事件あり
自由コンミュン	神戸黒色労働者連盟(神戸)	7月30日	内藤好雄	『神戸黒労ニュース』の後継紙
解放運動	解放社（東京）	7月		
黒流	黒流社(浜松)	8月	斎藤竹雄	
文明批判	文明批判社（大阪・住吉区）	8月？ ⇩ 1931年1月（2巻1号）	発・編・印・多田康員(多田文三)/毛呂博明，安家正明，岡崎龍夫	6号
明日	（台湾・宜蘭）	8月(6号)	発・黄天海，林斐芳〈寄稿〉張維賢，王詩琅	6号のうち，3号が発禁処分
労働時報リーフレット	労働時報社（岡山）	9月12日	藤本茂	
自由民報	自由民報社（愛知・瀬戸）	9月16日 ｜ 1931年2月15日(34号)	発・編・印・亀井高義	個人紙
山脈	山脈社（甲府）	9月 ⇩ 10月	発・杉原邦太郎/上野頼三郎，都築凡世，川口啓一，大島庸夫，菊島茂義，黒島すみ江，雨宮竹男，佐藤重信，中室員重，麻生恒太郎，植村謓，鈴木久夫，武井京，石原政明，浅野紀美夫	2号

美・批評	美・批評社 （京都）	9月 ⇩ 1934年10月	中井正一	32号 のち『世界文化』へ継承
エ　ロ	猟奇社 （東京）	9月 ⇩ 11月 （2・3号）	編・発・印・小沢清麿，主宰・浦司若浪／和田信義，根岸菅四郎，添田さつき，吉田金重，畠山清身	
吉野信夫 個人雑誌	吉野信夫個人 雑誌発行所 （東京）	10月1日	編・発・吉野信夫	1号
解放戦線	解放芸術連盟 （埼玉）	10月1日 ⇩ 1931年2月 1日	編・印・延島英一，発・山本晴士	5号 〈復刻〉緑蔭書房1990
関西実業新聞	（神戸）	10月18日 （発行届出）	中西勝治	月1回の予定
思想批判	思想批判社 （東京）	10月 ⇩ 1931年11月 （2巻5号）	発・編・印・伊福部隆輝／村松正俊（ルンペン・プロレタリア社会思想芸術家同盟編）	2巻5号まで
創生時代	創生時代社	11月1日 ⇩ 1932年4月 13日 （3巻1号）	発・松永鹿一／太田二郎，鑓田研一，石川三四郎	
新興農民詩集	全国農民芸術 連盟 （東京・千歳村）	11月	編・犬田卯 ※別掲のとおり	アンソロジー 〈復刻〉戦旗復刻版刊行会 1983
解放運動	解放運動社 （大阪・ 西淀川区）	12月8日	発・編・印・大元輝一	黒煙社との共同宣伝機関紙。『混沌』河野九民・個人誌から分化
黒　道	（東京）	12月 ⇩ 1931年6月 （2号）	発・石川一郎 ※別掲のとおり	2号
欧工の友		この年（9号） ｜ 1932年（26号）	立田泰	
農民文学	（埼玉）	この年 ⇩ 1934年頃 まで	福島詩毛留	隔月刊。活版

炉辺者	慶嘆会	この年 ⇩ 1933年まで		
荊冠旗	荊冠旗社 （尼崎）	この年		
混　沌	（大阪）	この年まで	河野九民	2号。個人誌
農民詩人	農民詩人協会 （和歌山）	この年頃	上政治	
南海報知新聞	南海報知新聞社　（大阪）	この年？	福田勲	
自由連合通信	（東京）	この年？		
火　箭		この年	杉浦邦太郎, 麻生恒太郎, 佐藤重信, 武井京, 鯉淵武司	詩評論誌

※**詩文学**　中村漁波林, 井上康文, 伊福部隆輝, 芳賀融, 松村又一, 村松正俊, 岡本潤, 尾崎喜八, 小野十三郎, 加藤介春, 佐藤惣之助, 深尾須磨子, 藤士幸次郎, 福田正夫, 正富汪洋, 村野四郎, 佐藤清, 生田春月

※**黒潮時代**　小柄作雄(沙皎), 草野心平, 吉田一穂, 角田竹夫, 猪狩満直, 寺敏郎, 草丘みどり, 小野十三郎, 竹内てるよ, 渡辺修三, 柴山栄子, 佐藤英麿, 横地正次郎, 広瀬操吉, 宮本吉次, 支部沈獣, 森脇達夫, 津村正夫, 更科源蔵, 伊藤整, 恐神健治郎, 葛西暢吉, 薄野寒雄, 平田千代吉, 奈良幸夫, 加藤, 船木

※**社会詩人**　鈴木惣之助, 内藤信吉(榊原矧), 落合茂, 植村諦, 近藤秀郷, 西尾虹二, 森哲博, 藤岡洋次郎, 肥田伊佐夫, 町非猛, 山中英俊, 栗田勇。〈寄稿〉小野十三郎, 浅村紀美夫, 山本和夫, 石原政明

※**新興農民詩集**　犬田卯/泉芳朗, 石川和民, 李均, 加藤一夫, 加村喜一, 田中元治, 田代武雄, 土屋公平, 中野時雄, 名本栄一, 内田一夫, 国井淳一, 矢口孝志, 鑓田貞子, 山本晴士, 松原一夫, 藤本逸巳, 小黒磨市, 古山信義, 胡麻政和, 古茂田信男, 小須田城子, 寺神戸誠一, 浅原冬彦, 北山杜夫, 目黒恒治, 三村無根広, 南小路薫, 宮崎秀, 森哲博, 瀬木淳夫, 鈴木勝

※**黒道**　（執筆者1号）塩野莇三, 石川和民, 杉山市五郎, 左部千馬, 伊藤和, 小林定治, 岩瀬正雄, 石川一郎, 南小路薫, 浅海与三男, 斉藤峻造, 他(2号)植村諦, 草野心平, 野長瀬正男, 瀬木悦男, 吉田悦郎, 森哲博, 柴山郡平, 田村栄, 塩野莇三, 石川一郎

1931（昭和6）年

時代前	（中国・上海）	1月	衛恵林, 巴金	6号
解放の前駆	（姫路）	1月	小松原弘	播磨黒色一般労組機関紙
防　塞	新創人社 （愛媛）	1月 ⇩ 6月	発・宮本武吉	詩紙 『地底人』へ継承
アメリカプロレタリア詩集	弾道社	1月	萩原恭次郎, 草野心平, 小野十三郎	アンソロジー, 共訳 〈復刻〉戦旗復刻版刊行会 1983
民衆時評		2月13日	白砂春一（健）	旬刊
大地に立つ 2次		2月号 (3巻2号) ⇩ 1932年2月	加藤一夫	11号 個人雑誌

（1931年）

黒色農民	（神奈川県・上座間）	2月	編・発・草薙一郎/鈴木靖之	1号のみ確認
くさみち	黒潮時代社（北海道・夕張郡）	2月	発・小柄作雄/加藤愛夫, 中島はなゑ	1号
自由連合運動	自由連合運動社（大阪・西成区）	2月 | 1932年4月14日 （2巻2号）	編・発・印・熊鳥国三郎	3号 謄写版
アナルキズム研究	アナルキズム研究社（大阪・堺）	3月1日	編・発・印・河本乾次/〈同人〉中野敏雄, 平井貞二	1号のみ確認 表紙に「LA STUDADO DE ANARKIISMO」とあり
無政府主義運動	バクニン書房（大阪・水崎町）	3月8日 ⇩	編・印・発・逸見吉三/安田穣, 伊串英治, 篠原律, 不木徹, 山崎次郎	5号 謄写版 表紙に「LA ANARKIISMA MOVADO」とあり
アナルキスト	A思想研究会（静岡）	3月16日 ⇩ 4月20日	発・編・印・近藤寅夫	2号。無政府主義戦闘紙 表紙に「ANARKIISTO」とあり
農村青年	農村青年社（東京・下目黒）	3月20日 ⇩ 1932年4月20日	編・発・印・鈴木靖之	6号 〈復刻〉『農村青年社事件・資料集Ⅱ』農村青年社運動史刊行会1991に収録
アナルキスト青年	アナルキスト青年連盟（大阪）	3月20日	大日方盛平	
近代風景	（名古屋）	4月	編・中村珠一郎/小野十三郎, 坂本七郎, 生田花世	
近代思潮		4月	富山喜蔵	
前衛時代	前衛時代社（東京）	4月 ⇩ 9月	編・発・印・依田昌二/小生夢坊, 梅原北明, 添田さつき, 竹中英太郎	6号 月刊『文学風景』の後継誌
自由論戦	（東京）	5月1日	張祥重	1000部
パンと自由	黒色戦線社（東京・吉祥寺）	5月10日	発・編・印・星野準二	1号。『黒旗』5月号付録 〈復刻〉『黒旗』黒色戦線社1989の「付録・解説」に収録
開　拓	開拓社（東京）	5月15日	印・編・発・安保京一/秋陽之助, 中浜哲, 伊井香元, 片岡茂, 畦又逸平	1号

黒連ニュース	黒連ニュース発行所 （東京・吉祥寺）	5月（3号） ⇩ 6月30日 （6号）	発・編・印・山崎真道（5・6・10号）	6号?月3回 謄写版
海　図	海図社 （東京）	5月 ⇩ 1934年1月	発・編・佐藤重信，大島庸夫，印・岸田武男，安田頼太郎	4巻9号 生田春月門下生による詩誌
詩人時代	詩人時代社 （東京）	5月	発・編・吉野信夫/竹内てるよ，生田花世，佐藤惣之助	
AC評論	AC評論社 （岡山）	5月? ⇩ 8月	小松正道/山口勝清，野間田金蔵	3号?
農民の友	農村青年社 （東京・下目黒）	6月20日 ⇩ 9月1日	発・編・印・鈴木靖之	2号。のち『黒色農民新聞』に改題 〈復刻〉『農村青年社事件・資料集Ⅱ』農村青年社運動史刊行会1991に収録
新興信濃	新興信濃社 （松本）	6月25日 （5号）	編・印・発・吉川小三郎/吉川澄	「黒表 中浜哲遺稿」この号のみ確認
全　線	（群馬）	6月	萩原恭次郎	1号のみ
冬の土	冬の土社 （福島）	7月 ⇩ 1933年11月	発・編・印・瓜生伝（筆名・鳥見山捨磨）/松原一夫，佐藤正夫（男），加村喜一，皆川利明，別所孝三（苗村三郎），松村元	27号 表紙に「LA VINTRA TERO」とあり
ログニ	（名古屋）	7月	編・近藤正夫	
印刷労働者	（東京）	8月5日	山田健介	
黒　風	黒風社（ロサンゼルス）	8月10日 （2巻8号）	編・発・宣言（李廷斗）/李廷大，柳絮	朝鮮語雑誌 在米朝鮮人無政府主義者連盟の機関誌
パンと自由	パンと自由社 （東京・荏原町）	8月29日	発・編・印・小野長五郎	1号 〈復刻〉『農村青年社事件・資料集Ⅱ』農村青年社運動史刊行会1991に収録
革命新聞		8月下旬 ⇩ 9月上旬	宮崎晃	2号 謄写版
自由連合	自由連合社 （大阪・南区のち泉南郡）	8月 ⇩ 1935年1月	編・印・発・遠藤喜一，のち発・河本乾次 ※別掲のとおり	17号 裏表紙に「LIBERA FEDERACIO」とあり
黒パン党宣言	渓文社 （東京・赤堤）	8月	発・神谷暢	謄写版。中浜哲詩集5月刊の記述もある

黒色戦線 2次	黒色戦線社 （東京・目黒）	9月1日 ⇩ 1932年11月 20日	発・編・印・鈴木靖之（1-6号）， 発・編・一力重明（7号），発・編・ 印・草村欽治（8号）	8号。無政府主義文芸・思 想誌 『黒旗』改題誌 〈復刻〉黒色戦線社1988
南方詩派	（愛知）	10月1日 （10月号）		
農民 4次	農民自治協会 全国連合 （東京・千歳村）	10月1日 ⇩ 1932年1月1日	鐘田研一	2号 〈復刻〉不二出版1990
山陽自治新 聞	山陽自治新聞 社 （呉）	10月23日	発・片岡捨三/弘中柳三	月刊
地底人	新創人社 （松山）	11月1日	編・発・印・宮本武吉/井上弥寿 三郎，起村鶴充，〈寄稿〉吉田 一穂	1号 詩誌『防塞』（同年6月）発 禁後の後継誌
地平線	三菱職工学校 同窓生会	11月15日 （4号）		4号のみ確認
北緯五十度 詩集	北緯五十度社 （釧路）	11月25日	印・真壁仁 ※別掲のとおり	1931年版アンソロジー 〈復刻〉戦旗復刻版刊行会 1983
農民詩人	全日本農民詩 人連盟 （東京・高円寺 のち下落合）	11月 ⇩ 1933年5月	発・芳賀融 ※別掲のとおり	5号
プロレタリ ア新浪漫派	プロレタリア 新浪漫派社 （大阪）	11月 ⇩ 1932年4月 （第6集）	発・編・印・中本弥三郎/白石清 子，高群逸枝，堀江末男，大槻 憲二，山中秀吉，里村欣三	文芸誌 謄写版
社会経済研 究会ニュー ス		この年（4号）	発起人・石川三四郎他	
労働者印刷	（東京）	この年（2号）	山田健助	
民衆評論		この年	白砂健	旬刊
生活解放	（東京）	この年？		
連盟情報	アナルキスト 青年連盟 （大阪）	この年頃？		

※**自由連合** 遠藤喜一，河本乾次/植村諦，明石一郎，藤岡美智雄，磯部龍一，岩佐作太郎，逢坂伊三郎，
阿木新，田村厚三，末倉正造，木村弘，黒田道夫，前山権之助，延原大川，伊藤和，西川勝，山本勝夫
※**北緯五十度詩集** 真壁仁/中島葉那子，渡辺茂，葛西暢吉，猪狩満直，更科源蔵
※**農民詩人** 芳賀融/国井淳一，泉芳朗，伊福部隆輝，延島英一，竹内てるよ，定村比呂志，大沢重夫，興
津次郎，野村考子，橋本貞治，大杉幸吉，腰山茂忠，胡麻政和，上野頼三郎，中西悟堂，松尾啓吉，斎藤二
郎，田代早苗，諸井完蔵，沢耿之助，朝木良之助，永田茂，大島養平，秋田芝夫，高岡露花，高橋愁一郎，
相場誠哉，松本文雄，土屋公平，丹塚もりゑ，呉尾鳩子，英美子，北見千尋，寺神戸誠一，石川三四郎，中
岳信郎，斉藤英俊，瀬木悦夫，山田弥三平，木村信吉，青樹基嗣，高橋実，高岡岩松，伊波南哲，河野貞

爾，上政治，福田正夫，太田明，三森友郎，石井幸介，橋口富次郎，泉漾太郎，遠藤奈加志，坂田浩一郎，白石光雄

1932（昭和7）年

我等の叫び	（東京・和歌山）	1月1日 | 2月5日 （3巻2号）		
無政府主義研究	無政府主義研究会（東京・下目黒）	1月1日 ⇩ 9月1日	編・印・発・鈴木靖之	2号 〈復刻〉1号のみ『農村青年社事件・資料集Ⅱ』農村青年社運動史刊行会1991
自覚と建設	自覚と建設社（東京・落合町）	1月3日 ⇩ 4月13日	発・編・印・入江一郎／相沢尚夫，遠藤斌，入江汎	4号
黒　旗	黒旗社（大阪・西成区）	1月20日 ⇩ 6月25日 （6月号）	編・山岡栄治	3号
パンと自由	（岡山）	1月 ⇩ 5月23日 （6月号）	野間田金蔵	
鍬	農民文芸社（神奈川）	1月 ⇩ 1933年6月	発・編・草薙一郎／宮本武吉，小島谷子（大島），真崎久，大山竜一郎，津島毅人，小松恁，進土猛，庄司力之輔	6号
詩と人生	詩と人生社（東京）	1月 ⇩ 1933年6月	生田花世，佐藤信重	復活号
近代婦人	近代婦人社（東京・弁天町）	2月1日 ⇩ 4月1日	編・発・印・神谷静子	3号 〈復刻〉緑蔭書房1991
黒色農民新聞	黒色農民新聞社（東京・下目黒）	2月1日 （3号）	編・発・印・望月秋幸	1号。『農民の友』改題3号が創刊号 〈復刻〉『農村青年社事件・資料集Ⅱ』農村青年社運動史刊行会1991に収録
アナキズム研究	クロポトキン協会　（東京）	2月8日	発・編・印・相沢尚夫／冬川啓夫（長谷川進），鈴木四郎	1号
解放劇場	解放劇場事務所　（東京）	2月23日	発・編・局清／飯田豊二，水谷塔	1号
社会理想リーフレット	近代評論社（東京）	2月 ⇩ 7月	川合仁，遠藤斌	6号

（1932年）

農本社会	農本連盟	2月 ⇩ 9月	河野康，森田重次郎，岡本利吉，犬田卯，山川時郎	7号
農民自治	農本青年連盟	2月（号）		
金属の旗は進む	関東金属労働者組合	2月 （1巻2号） ｜ 5月 （1巻5号）		
盆　地	（山梨）	2・3月号	上野頼三郎	
測量船	（根室）	3月3日 ⇩ 1933年3月7日	発・中沢茂／渡辺茂，猪狩満直，更科源蔵	9号
戦　　野	アナキスト芸術連盟（東京・千駄木のち根津）	3月15日 （4巻3号） ｜ 1933年2月号	編・発・印・土屋公平／寺神戸誠一	『農民』の改題誌
伊勢ぶら新聞	夜の横浜社（横浜）	3月20日	発・編・印・伊藤公敬／板谷栄治	旬刊
民衆の解放	国際評論社のち民衆の解放社（大阪・西成区）	3月 ⇩ 1934年8月	発・編・印・上野克己／河本乾次，池田一夫，蔵本光次郎，山下孟，速見俊夫	12号
関東地協ニュース	日本労働組合自由連合協議会関東地方協議会メーデー闘争委員会	4月5日 ⇩ 4月18日 （2号）		2号 2号のタイトルは『日本自協関東地協ニュース』
信州自由連合	信州自由連合社（東京・下目黒）	4月20日 ⇩ 6月20日	発・編・印・望月秋幸	2号 〈復刻〉『農村青年社事件・資料集Ⅱ』農村青年社運動史刊行会1991に収録
農民文芸	農民文芸社（神奈川）	4月	発・草薙市治	
思想界	黒流社（浜松）	5月10日（5月号）	発・斎藤竹雄	
労働者の叫び	（大阪）	5月10日 ⇩ 9月	山岡喜一郎	
裾　　野	裾野発行所	5月 ⇩ 11月	発・杉原邦太郎／佐藤重信，麻生恒太郎，中室員重，杉山市五郎	6号？

創造の旗	創造の旗発行所　（茨城）	5月	発・松倉小城?	
風	風発行所　（茨城）	5月	発・編・長谷川功/武田耕一, 青木碧, 前野栄二郎, 村木繁, 林宵路	
アナーキズム文献1931年度出版年報	渓文社（東京・赤堤）	5月	発・神谷暢	
茨城文学	（茨城）	5月	発・編・長谷川功/岡崎一男	
労働者新聞	日本労働組合自由連合協議会(東京・浅草)のち労働者新聞社（東京・神田）	6月1日（20号）⇩1934年11月20日（42号）	編・発・印・宇田川一郎(20-23号), 高橋光吉(24-37号), 田所茂雄(38-42号)	23号(通刊42号)日本自協機関紙『黒色労農新聞』20号から改題表紙に「LABORISTA JU-RNALO」とあり
極地圏	極地圏社（釧路）	6月1日⇩1933年1月	発・和田兼治郎	4号
アナーキズム文学	黒戦社（東京）	6月1日⇩11月	発・塩長五郎(磯崎邦)※別掲のとおり	4号。月刊『黒戦』の改題誌
クロポトキンを中心にした芸術の研究	萩原恭次郎個人誌（前橋市外上石倉）	6月5日⇩12月30日	発・萩原恭次郎※別掲のとおり	4号個人誌, 謄写版〈復刻〉戦旗復刻版刊行会1978
解放文化	解放文化連盟（東京・下落合）	6月15日⇩1933年6月20日	発・編・秋山清※別掲のとおり	11号リーフ表紙に「La Kuluturo Emancipa」とあり
農民の友	農民の友発行所　（大阪）	6月⇩9月	大串孝之助	
断道	断道社（神戸）	7月1日	発・林喜芳/板倉栄三, 浜名与志春, 中川信夫	1号
土地に立つ	生産者組合耕漁人舎	7月3日		
我等の批判	（東京）	7月5日（1輯）		
白楊	（新潟）	7月5日（6・7月号）		
無政府コンミュン	文明批評社（大阪）	7月15日	大串孝之助	

AC評論	（広島）	7月27日 （8月号）		
解放新聞	（岡山）	7月	小松勝法	1号
人の噂	月旦社 （東京・麹町）	8月1日	編・発・阿部悟朗	1933年?
自由の叫び	自由連合新聞 横浜支局 （横浜）	8月5日 ⇩ 9月	編・印・発・須藤蔀	2号
農民春秋	（埼玉）	8月15日 （2号） ｜ 9月25日 （3号）	発・大藤暉一	
朝	渓文社 （東京）	8月 ⇩ 12月	発・竹内てるよ	3号
雑木林	（神奈川）	8月?	発・草薙市治	
百姓運動	百姓運動 東京支局 （東京・杉並）	9月1日 ⇩ 10月10日	発・高橋武/小川光男	2号 表紙に「La Anarkiista Kampanaro」とあり
黒旗の下に	黒旗社 （東京・山谷）	9月5日 ⇩ 1934年3月5日	発・編・印・奥谷松治(1-4号)，中村吉次郎(5号)，岩楯佐吉(6-12号)	12号 表紙に「SUB NIGRA FLAGO」とあり 〈復刻〉黒色戦線社1984
野火	（広島）	9月8日 （5号）		
弾道 2次	弾道社	9月15日 ⇩ 1933年6月	編・小野十三郎，のち編・植村諦/小林定治，草野心平，秋山清	7号 謄写版
近代思想	近代思想社	9月	井上信一，芝原淳三，長沢清，山口安二，三木滋二(治)，小林一信，笠原勉	
詩戦	帰帆社	9月 ⇩ 1933年10月	発・清水清/上村実，植村諦	通巻27号 『帰帆』後継誌
新詩論	アトリエ社 （東京）	10月 ⇩ 1933年10月	編・吉田一穂，発・北原義雄/〈寄稿〉高橋新吉，小野十三郎，萩原恭次郎，宮沢賢治，岡本潤	3号。季刊
新興歌謡	新興歌謡作家 同盟 （岡山）	10月 ⇩ 1934年5月	犬養智	5号 『今日の民謡』改題
解放自治	（愛媛）	10月		

関西地協ニュース	日本自協関西地協	10月		
南海黒色詩集	新創人社（松山）	11月（第1号）	発・印・宮本武吉，編・起村鶴充／白井冬雄，日野忠夫（雄），井上弥寿三郎，木原健（実）	アンソロジー〈復刻〉戦旗復刻版刊行会1983
農民5次	農民作家同盟	11月1日⇩1933年9月1日	編・発・犬田卯	8号〈復刻〉不二出版1990
無肥料地帯	無肥料地帯社（山形）	11月15日⇩1932年8月5日	発・大竹惣吉（大田富美樹），加藤吉治，加藤精宏，高橋小一朗	5号5号は『藁』と改題
黒色の叫び	朝鮮自由労働組合	11月29日		創刊か?
豊橋文学	耕文社（豊橋）	11月⇩1933年11月	発・編・印・碓井不二男（不二郎）（1-2号）／発・編・印・今城忠直（4・5号）※別掲のとおり	6号文芸誌
戦線確立（研究会）ニュース	日本自協戦線確立研究会（東京・浅草区）	12月9日（3号）｜12月17日（5号）		騰写版
農民軍	農民軍社（東京）	12月15日	発・編・印・八木渡	1号
ガス社外工犠牲者救援ニュース	東京ガス犠牲者救援委員会	12月19日（2号）		この号のみ確認騰写版
自由コンミュン	自由コンミュン社	12月20日⇩1933年3月12日	洪性煥	
黒旗	黒旗社（東京・下目黒のち緑ヶ岡，下神明町）	12月30日⇩1933年9月7日（3号・特別号）	発・編・印・鈴木靖之（1号），船木幾政（2-3号）	4号。無政府主義戦闘機関紙。表紙（2号）に「NIGRA FLAGO」とあり〈復刻〉『農村青年社事件・資料集Ⅱ』農村青年社運動史刊行会1991に1-3号を収録
自由への道	（岡山）	12月	山口勝清，小松勝法	1号。のち1933年2月『岡山民報』と改題
東の星	（東京）	この年（1巻1号）	望月百合子	
アナルキズム・ガイド	文明批評社（大阪）	この年	大串孝之助	「文明批評社」月報

大根詩集	童心社（岡山）	この年	編・小田正夫，発・青山紅人 ※別掲のとおり	1932年版アンソロジー
二十世紀	極東労働組合	この年	陳琯源	
協同社会	協同組合研究所	この年 ⇩ 1935年まで（4年11月号）		
民友新聞	民友社，民友新聞社（大阪）	この年	原徳太郎	
南海民衆新聞	南海民衆新聞社（大阪）	この年	福田勲	
火　耕	火耕詩社（焼津）	この年 ⇩ 1933年2月	発・編・鈴木賢，印・八木勝／安原勇	6号 詩誌
黝い唄		この年	緒賀聖児	文芸雑誌
飢餓線の彼方	農民自治文化連盟	この年	中野時雄	
新興新内		この年	岡本文弥	1号
解放戦線	解放戦線社（大阪）	この年	関谷栄，林隆人	
ソシアルガイド	ソシアルガイド社（大阪）	この年	高川幸二郎，杉本武	
鳥之巣	（群馬）	この年	榎田薫	
手　紙	（名古屋）	この年？	浅野紀美夫，坂本七郎	2号。無届けで出版
我等の論理		この年？		
自由論戦		この年？	発・張祥重／入江一郎	
黒友行進	黒友連盟	この年		朝鮮文

※**アナーキズム文学**　塩長五郎(磯崎邦)／丹沢明(青柳優)，村井啓，鹿川敦，辻村由美，田中祐二，浅弘見(浅井十三郎)，森山義人，川船松二，延島英一，川奈弘二(青柳)，楠浜太加男，鑓田研一，森辰之介，野島淳介，霜月輯，加村喜一，上野頼三郎，細迫郁三，阿部一晴，中村三郎，川口一夫，浅井毅舟，中村耕三，秋田芝夫，秋山清，吉田義春，佐々木清一，中田満平，吉田東一，不木徹夫，小野田文平，〈農民文学研究号〉犬田卯，奥谷松治，土屋公平，佐藤正男，伊福部隆輝，延島英一，寺神戸誠一，上司小剣，中桐専一，野島久美子，定村比呂志，芳賀融

※**解放文化**　秋山清／新居格，萩原恭次郎，小野十三郎，草野心平，神谷暢，竹内てるよ，高寺一策，太海五郎，森俊二，岡本潤，小林定治，坂本七郎，塩野筍三，鷹樹寿之助，寺尾実

※**クロポトキンを中心にした芸術の研究**　萩原恭次郎／小野十三郎，伊藤和，小林定治，吉本孝一，坂本七郎，杉山市五郎，前田貞宗，更科源蔵，鈴木致一，秋田芝夫，竹内てるよ，猪狩満直，無木鳥，高山慶太郎

※**豊橋文学**　碓井不二男(不二郎)，今城忠直／大地民平，清水澄夫，神戸新，晋川音吉(佐藤長吉)，御手洗凡(大山英一)，柴山貞栄，横光彊，赤木至誠，白須はじめ，加藤白狐，李丙華，白井七郎，麦一夫，林正雄，小川清重，横吾郎，河端雷太，桜井一，長谷川功，萩原恭次郎，植村諦，鈴木勝，柴山群平，局清，宮本武吉，井上弥寿三郎，坂本充，可児凡太郎，佐藤正雄，藤村俊，全寒村，岡本潤，伊藤之助，竹内てるよ，三海自助，神谷浩太，村松永一，八木凡太郎，真野三十五，浅野純，寺尾実，西野幸三郎，草葉英市，夕張譲二，田戸正春

※**大根詩集**　小田正夫，青山紅人／更科源蔵，木山捷平，塩野筍三，鈴木致一，福原寅雄，三嘴四郎，笠間

静夫，田中静司，川合猛，鈴木勝，竹内てるよ

1933（昭和8）年

大衆公論	（岡山）	1月15日		
芝浦労働者ニュース	東興労働芝支部	2月16日		
黒馬車	クロバ社（大阪・東淀川区）	3月18日 ⇩ 1935年5月6日	発・編・印・中尾正義/伊串英治，逸見吉三，延島英一，入江汎	15号 文芸誌
地底人	（岡山）	3月31日		
樹　海	行路社（川崎）	3月（3号）	発・加藤寿美子/土屋彦一郎，野口茂夫，植村諦，森久英	この号のみ確認
芽		3月	小倉三郎	俳句誌
自由連合	（岡山）	5月1日 （5月号）		
氾　濫	氾濫社（大阪）	5月23日 ⇩ 10月？	田原保雄，大日方盛平/小山利夫，鈴木靖之，伝田響，山成秀夫	5号
黒色新聞		5月31日 ｜ 8月10日	崔学柱	
生活と思想	（神戸）	5月（8月？）	井上信一	
黒色農民		6月以前	発・草薙一郎	
自由を我等に	自由を我等に編集部，哲刀閣（東京）	6月1日 ⇩ 11月10日	編・新居格，田戸正春，発・大道寺三郎/上司小剣，広津和郎，辻潤，芹沢光治良，戸川秋骨，鷹樹寿之助，福田正夫，此木圭二，伊福部敬子，森三千代，上条海二郎，竹内てるよ，卜部哲次郎，遠藤斌（渡部栄介）	3号
野人群	（鳥取）	6月24日 ⇩ 9月1日（2号）		
日本農民詩集	世紀社内日本詩選刊行会（岡山）	6月30日	編・青山紅人 ※別掲のとおり	アンソロジー
文化通信	解放文化連盟関東協議会	6月		『アナーキズム文学』『農民』『解放文化』の3文化団体の合同機関紙
ブラック・リスト		6月	高橋利夫	

（1933年）

文芸時調	文芸時調社 （東京・北千束）	7月5日	編・発・船木幾政，印・内藤庫一郎／新居格，福田夫夫，植村諦，近藤正美，斉藤とき，苗村三郎，上司小剣，大場正史，鈴木靖之，岡本潤	『黒色戦線』の改題誌 表紙に「LA BUNGEI-JI-CHO」とあり
蟻の巣	麓林堂 （埼玉）	7月 （24号）	編・発・福島和夫	この号のみ確認。詩誌『山娘』を改題
自主労働者		7月	久保譲，河本乾次	1号
順風	順風社，解放文化連盟大阪協議会 （大阪）	8月1日 ⇩ 1934年1月 （2巻1号）	発・中本弥三郎／多田文三，堀江末男，鷹樹寿之助，青木丹，小野十三郎，南和夫，岡田辰夫，米田俊，萩原野呂，岡崎竜夫	月刊。文芸誌
文学批判	（愛媛）	8月1日 （8月号）		
文学通信	解放文化連盟出版部 （東京・高円寺）	8月5日 ⇩ 1935年10月 15日	発・編・印・植村諦（聞） ※別掲のとおり	19号。解放文化連盟関東協議会ニュース 『解放文化』『アナーキズム文学』『農民』の合併紙。アナキズム文学者の合同団体
解放パック	解放パック社 （大阪）	8月10日 ⇩ 1934年5月 1日 （2巻1号）	発・高川幸二郎，関谷栄，画・中山照／伊葉三郎，〈漫画〉野中一道	風刺雑誌
黄色評論		8月	小林テル（輝）	2号
限象	現象社	8月	編・水戸敬之助，印・縄田林蔵／金子光晴，野口光次郎	2号？
民衆の鐘		9月6日		8月16日付のものを李允熙が作成頒布する
土民	土民社	9月12日 ⇩ 34年6月5日	全春變	2巻7号
協同組合運動	開拓社	9月 （1巻5号）		この号のみ確認
闘ふ農民	自由連合新聞社 （東京）	10月10日 ⇩ 1935年2月 28日	発・印・木村英二郎，山口安二	『自由連合新聞』付録 〈復刻〉『自由連合・自由連合新聞』海燕書房1975に収録
主情派	（東京）	10月	小倉三郎，木原実	短歌雑誌 『動脈』へ継承
日本は歌ふ	新歌人全日本協会	10月（号）		1巻1号

黒色戦線 3次	黒色戦線社 （東京）	11月27日 （5巻1号） ⇩ 1934年6月 10日（6月号）		
ぼくら	詩の仲間社 （東京）	11月 ⇩ 1934年9月	発・清水清/上村実，福永剛	11号
社会思潮	（岡山）	12月20日 （4号）		
耕 人	農民文芸社 （神奈川）	12月 ⇩ 1934年1月 （1月号）	発・草薙市治	
自由評論	自由評論社 （滋賀）	この年 ⇩ 1935年7月 7日	朝野温知	
足 跡	（名古屋）	この年	肥田伊佐雄，茨城達也，内藤 登志，森哲博	のち『鉄路』と改題
詩宗族	詩宗族社 （札幌）	この年 ⇩ 1934年11月 （5巻4号）	発・富樫定雄/竹内てるよ，更 科源蔵，大沢重夫	『北斗文芸』の改題
解放文化連 盟関東協議 会ニュース		この年		『アナーキズム文学』『解 放文化』『農民』の合同準 備紙
出版労働者	関東出版労働 者組合	この年？		
清 流		この年？	発・伊沢八十吉	

※**日本農民詩集** 青山紅人/犬養智，細川基，大沢重夫，小田順弘，加藤愛夫，川合猛，竹内てるよ，土屋公平，坪松一郎，長崎浩，植村諦，上野頼三郎，福原寅雄，小松恁，天領吉三郎，坂本遼，更科源蔵，佐藤末治，清水房之丞，鈴木勝，杉原邦太郎，鈴木一作，鈴木健太郎

※**文学通信** 植村諦(聞)/土屋公平，岡崎竜夫，岡本潤，秋山清，小倉三郎，新居格，小野十三郎，伊藤和，長谷川功，土田耕作，丹沢明，前田一夫，山川一，渡辺一掬，菊地三春，蛙又逸平，田所茂雄，蘆提，倉持潤一郎，中村直樹，茨木達也，竹村茂，川名弘二，木村泰三，御子伝，全寒村，上野頼三郎，黒沢文平，望月のぞむ，野口哲也，李哲，小沢紫絃，後藤幹男，山本葉光，小沢謙二，今井純男，鈴木勝，板坂重五郎，松村実，磯屋功一，松永鹿一，木原実，堀江末男，桜井一，利田正男，御手洗凡，関口望洋，山下静時，加島秀一，土屋堅輔，保浦星六，寺神戸誠一，氏家さとる，小島大口坊，長谷川秋史，西判児，半谷三郎，中野武生，久鍋高一，黒田大造，笠原勉，高橋俊夫，近藤憲二，上村実，和田松夫，近江源太郎，清水清，森辰之助，石川ひなた，砂丘浪三，伊藤醇之助，菊岡久利，中島正利，小林琴の舎，中田章介，園林寺香仙，犬養智，川上茂樹，築地三郎，代井影舞，野村ふじお，萩原恭次郎，三角弘，金井新作，藤村俊，麻生基司，山下一夫，井上信一，布施漢，根津竜，晋貝音吉，田中令三，宗像弘，林定，福永剛，福島詩毛留，佳白鳥，石川不知夫，林弘雄，鈴木八郎，土野耕二，松野浦一，谷田まさ子，神宮寺武徳，涙珠洞一掬，菊地晴吉，田川明光，草村鉄，塩長五郎，直樹竜之介，桜井宏，関根弘

〈座談会「プロレタリア文学の現状を語る会」(15号)参加者〉 上野壮夫，永瀬清子，中野重治，神保光太郎，壺井繁治，植村諦，局清，岡本潤，山下一夫

1934（昭和9）年

啄木研究	啄木研究社 (大阪)	1月 ⇩ 1938年1月 (5巻1号)	編・発・大蔵宏之，印・三枝正雄，萩原大助/西村陽吉，足立公平，内田博，南竜夫，内海信之	
春秋パック	春秋パック社 (大阪)	1月	舟橋晴次	
詩精神	前奏社 (東京)	2月 ⇩ 1935年12月	発・編・印・内野郁子/新井徹，遠地輝武，松永浩介，内田博	21号。月刊 『詩人』へ継承 〈復刻〉戦旗復刻版刊行会 1978
国家社会主義	日本国家社会主義同盟	2月 (29号)		この号のみ確認
関西労働組合自由連合ニュース	関西労働組合自由連合会 (大阪)	2月(2号)		この号のみ確認 朝鮮文
印刷労働者	全国印刷工組合連合会	4月5日 ⇩ 5月27日		2号
蟻の巣	(千葉)	5月頃	尾上始，利田正男	
大阪自由総合ニュース	関西労働組合自由連合会	6月1日		朝鮮文
布引詩歌	布引倶楽部のち布引詩歌社 (神戸)	6月 ⇩ 1935年末頃	笠原菊次郎(勉)，井上信一，辻井民之助，小松原死解雄，野田鬼雄	
全国自連関西連合会教育出版部ニュース	全国自連関西連合会 (大阪)	7月2日	編・印・逸見吉造	謄写版
文陣	文陣社 (東京)	7月 ⇩ 1935年9月	発・編・佐藤寅雄/青柳優，塩長五郎，唐木順三，神戸雄一，古谷綱武	10号
新興歌謡選集	新興歌謡作家同盟 (岡山)	7月	※別掲のとおり	1933年版アンソロジー
全国自連ニュース	全国自連 (東京)	8月23日 (3号) ⇩ 1935年10月7日 (11号)		謄写版
芸南時報	(呉)	8月	福中巧	

東印ニュース	東京印刷工組合（東京）	9月25日（3号）↓1936年	梅本英三，山田健介，大塚貞三郎，柴田知之，加藤栄太郎，堀田幸一，三井利員，満田友之助，川井大三，佐々木長四郎，八重樫春美，楠山次郎，山本捷太郎，古川清幸，菊地長太郎，玉置義明，佐藤留吉	3号のみ確認 謄写版
便り	便り発行所	9月	発・清水清	1号
動脈	動脈社（東京）	10月↓1935年7月	発・木原実 ※別掲のとおり	月刊。短歌雑誌『主情派』の後継誌
蛙文学	百姓詩人社（福岡）	11月2日（2輯）		
暖流	詩の仲間社（東京）	11月	発・清水清	1号
東京朝鮮民報		12月15日	金浩永	
情報	情報社（大阪）	12月↓1935年5月（4年5号）	上野克己/池田一夫，池田晋吉，佐藤伊太郎，種本重一，桜井一，中村徹雄	4年5号まで確認
無風帯	無風帯社（東京）	この年↓1937年5月	※別掲のとおり	7号
民衆生活暁新聞	婦人解放運動社（和歌山）	この年	村松栄一	

※**新興歌謡選集** 犬養智，小原義正，上政治，菊池信，木坂俊平，国井重二，佐藤末治，鈴木勝，細川基，松根有二

※**動脈** 木原実/加藤義治，局清，西村陽吉，小城善太郎，笠原勉，萩村由二，木原稔(実)，中島国夫，小倉三郎(尾村馬人)，尾山紘二郎，伊東正躬，坪松一郎，植村諦，内田多田，木村鉄一，蓑中虫男，三橋臥竜洞，桜井宏，足立公平，福田米三郎，前川葭寿夫，泉すみ子，山内象一郎，高橋光吉，片岡明，安武千丸，塙国夫

※**無風帯** 西山勇太郎/塩野筍三，植村諦，堀江末男，竹内てるよ，晋川音吉，沢光一郎，林健作，御手洗凡，福田正夫，伊藤和，岩佐作太郎，辻潤，枯木杭三，吉田欣一，津山盛，望月百合子，宮尾伸，石川三四郎，新居格，高村光太郎，石井日出夫，京坂喜美子，枯木抗三

1935（昭和10）年

世界文化	世界文化社（三一書店内）	2月1日↓1937年10月（33号）	発・編・富岡益五郎	34号。『美・批評』の後継紙
萬人（Ban-nin）	萬人社（東京）	2月10日（3号）｜3月（4号）	発・伊藤悦太郎/池下稔	『われらの理論』へ継承
国際戦報	万人社	2月10日		謄写版

（1935年）

金属労働者	全評大阪金属労組	2月15日		この号のみ確認 朝鮮文
文章講座	厚生閣 （東京）	3月 ⇩ 1943年6月	堀口大学，新居格，上司小剣，のち青柳優	9巻6号 1936年1月から月刊『文章』に改題
朝鮮東興労働ニュース	朝鮮東興労働本部	3月2日	発・編・印・丁賛鎮，洪性煥	
詩行動	詩の仲間社 （東京）	3月5日 ⇩ 10月30日	発・編・清水清 ※別掲のとおり	7号 〈復刻〉戦旗復刻版刊行会 1979
自連新聞ニュース	自由連合新聞社　（東京）	3月25日 ⇩ 9月15日		6号 〈復刻〉7月号のみ『自由連合・自由連合新聞（復刻版）』海燕書房1975
痴遊雑誌	話術倶楽部 （東京）	5月20日 ⇩ 1938年11月	編・発・印・川村慶吉，主宰・伊藤仁太郎（痴遊）	42号 〈復刻〉柏書房1981
ば　く	寂灯園獏社 （兵庫）	5月	小松原死解雄，井上信一，笠原勉，国井重二，大塚徹	4号 詩誌
歴　程	歴程社（東京）	5月 ⇩ 1944年3月	創刊，発・編・逸見猶吉/2-4号，発・編・草野心平/〈その後変わる〉/岡崎清一郎，尾形亀之助，土方定一，高橋新吉，菱山修三，中原中也，のち山之内獏，小野十三郎，伊藤信吉，大江満雄ら〈投稿〉松木千鶴	26号 〈復刻〉日本近代文学館2004
反　対	反対発行所 のち反対社 （東京）	6月1日 ⇩ 8月	編・発・藤田勉，印・石崎宋一，〈編集同人〉岡本潤，菊岡久利，〈経営〉藤田勉 ※別掲のとおり	3号。月刊
民衆時報	民衆時報社 （大阪）	6月14日 ⇩ 1936年1月 1日	李信珩，金文準	27号。半月刊 朝鮮文
われらの理論	萬人社 （東京）	6月18日	発・編・印・伊藤悦太郎/阪本良作	1号 『萬人』後継紙
京浜市民新聞	京浜市民新聞社　（東京）	7月	編・発・印・松本淳三	1号
朝鮮労働者合同組合ニュース	朝鮮労働者合同組合	7月		5号
エクリバン	エクリバン社	10月1日 ⇩ 1936年 12月1日	発・藪田義雄，編・藪田義雄，大木惇夫，中野秀人，印・高島久雄 ※別掲のとおり	14号

コスモス	叢文閣 （東京）	11月25日	発・編・西村豊吉，創刊の編集責任・萩原恭次郎 ※別掲のとおり	季刊
日本学芸新聞	新聞文芸社のち日本学芸新聞社 （東京）	11月 ⇩ 1943年7月	川合仁（社長）	155号 1940年8月（136号）より日本文学報国会の機関紙になる 〈復刻〉不二出版1986
太 鼓	現代文化社 普及社	11月 ⇩ 1936年2月	編・発・燁居平治/壺井繁治，金子光晴，大江満雄	2巻2号 諷刺文芸雑誌 〈復刻〉久山社1988
伊那評論	伊那評論社 （伊那）	この年	加藤陸三，相馬寿恵雄	
作		この年	茨城（茨木）達也，内藤登志，肥田伊佐雄	のち『呼吸』に改題
廓 声	廃娼促進同盟会　　（大阪）	この年	金井鉄之助	
我等の新聞	婦人解放運動社　　（和歌山）	この年	村松栄一	

※**詩行動** 清水清/長谷川七郎，小笠原喜佐夫，綿貫矯，津川荘司，野村教治，福永剛，葦原しげる，赤石鋌，佐々木義郎，佐野久仁男，斎藤峻，広田好夫，御手洗凡，伊藤和，池田克己，小野十三郎，岡本潤，植村諦，局清（秋山清）

※**反対** 〈編集同人〉菊岡久利，藤田勉，岡本潤，飯島正，局清，小野十三郎，横倉辰次，伊藤和，阿部金剛，近藤憲二，田戸正春，宮崎孝政，三谷入馬，宮原晃一郎，金子光晴，阿部ツヤコ，石井日出夫，永瀬清子，島崎蓊助，北浦馨

※**エクリバン** （おもな執筆者）中野秀人，藪田義雄，萩原朔太郎，大木惇夫，尾崎士郎，新居格，萩原恭次郎，青野末吉，村山知義，金子光晴，北川冬彦，村松正俊，八木重吉，草野心平，大鹿卓，浅原六朗，林房雄，川路柳虹，三好十郎，岡本潤，小野十三郎，平野威馬雄，土方定一，高橋新吉

※**コスモス** 西村豊吉/淀野隆三，萩原恭次郎，中谷孝雄，中野秀人，豊田勇，高橋新吉，蔵原伸二郎，草野心平，北川冬彦，岡本潤，小野十三郎，伊藤信吉（大川康之助）

1936（昭和11）年

詩 人	文学案内社 （東京）	1月1日 （3巻3号） ⇩ 10月	遠地輝武，貴司山治	10号。月刊 旧ナップ系の『詩精神』を改題継承，ナップ系とアナ系が交流 〈復刻〉戦旗復刻版刊行会1979
南華通訊	在華韓人青年連盟　（上海）	1月頃	柳碁石，柳子明，鄭海里，李敬孫，沈奎伯，季鐘鳳	
詩 作	詩作社 （東京）	4月17日	発・佐野国雄/甲斐芯太郎（清水清），長谷川七郎，小野十三郎，岡本潤，局清，丹沢明，北本哲三	1号 〈復刻〉戦旗復刻版刊行会1979
技友会会報	労働組合瓦斯電気技友会	7月14日 （14号）		

（1936年）

ラ・エスペロ	ラ・エスペロ社	10月 ⇩ 1937年3月	発・清水清/長谷川七郎，青柳優，竹内てるよ，中村純子，関根弘，岡本潤，高田太郎	3号
豚	豚詩社 （奈良）	10月 ⇩ 1943年2月	池田克己〈寄稿〉小野十三郎，中室員重，宮崎譲，上林猶夫	17号 1941年5月『現代詩精神』と改題
無頼漢		この年？		

1937（昭和12）年

動向	動向発行所 （東京）	8月	発・伊勢八郎/清水清，清水純子	1号
国際社会情報	国際社会情報社	この年	発・前田淳一	
プレスアルト		この年	脇清吉	戦争末期に休刊 1946年復刊

1938（昭和13）年

芸人アパート	芸人アパート社	1月1日 ⇩ この年	発・編・藤根道雄（春日次郎）/岡本文弥，正岡容，千草芯太郎，伊藤功〈共同編集〉	12号。37年12月に発行準備号
粋界戦線	（佐世保）	3月10日	松尾清吾	
新公報	新公報社 （東京）	5月 ⇩ 7月	編・発・高洲基/高見順	5号まで確認
大熊座	大熊座発行所 （釧路）	6月20日	編・森川勇作/金井新作，坂本七郎，草野心平，小森盛，更科源蔵	1号 2号の原稿は集まったが未刊（猪狩満直追悼号）

1939（昭和14）年

バクショー	爆笑社 （東京）	7月 （2巻5号）	発・編・印・望月桂/添田さつき，安成二郎	この号のみ確認 漫画風刺雑誌

1940（昭和15）年

文化組織	文化再出発の会　（東京）	1月1日 ⇩ 1943年10月雑誌統制	発・編・福地立夫，（実際編集は）花田清輝と中野秀人/岡本潤，小野十三郎，金子光晴	42号。月刊
柚の木	呉詩人協会 柚の木詩社 （呉）	1月 ⇩ 1942年5月	井上逸夫	16号

詩　原	赤塚書房 （東京）	3月1日 ⇩ 4月1日	編・発・伊勢八郎, 印・宮島富治 /壺井繁治, 岡本潤, 秋山清, 小野十三郎, 金子光晴	2号。月刊 〈復刻〉久山社1988
記　録	記録社 （東京）	3月 ⇩ 1941年6月 （5号）	発・編・印・鍵山博史/押切順 三, 吉田十四雄	季刊文芸誌
<ruby>色即是空<rt>すべてはながる</rt></ruby>	すべてはなが る社（東京）	4月 ⇩ 1941年10月	発・西山勇太郎/辻潤, 竹内て るよ, 萩原朔太郎, 小川未明, 武林無想庵	10号 第5冊（1941年1月）より 『三千年』に改題
田舎新聞	（宇和島）	6月3日	井上淳一	

1941（昭和16）年

前衛時代	前衛時代社 （東京）	4月 ⇩ 8月	発・編・印・依田昌二/添田さつ き, 北園克衛, 小生夢坊, 竹中 英太郎	『文芸風景』の後継誌

アナキズム運動 機関紙誌リスト
(1945-2012)

1945（昭和20）年

紙・誌名称	結社名(地名)	創・終刊月日	発行・編集・印刷人名/参加者名	備　考
武良徒久 （ぶらつく）	武良徒久社 （千葉・東金町）	11月30日 ⇩ 1947年9月1日	編・発・大木静雄，大木一治〔寺島珠雄〕/木村荘太，西山勇太郎，石川三四郎，岡本潤，伊庭弘忠，清水敏男，西川賢造，日下狷介	5号 タイトルの変遷：『ぶらつく―黒或は散策』(2号)，『武良徒久―黒色或は散策』(3号)，『ブラック』(4号)，『ぶらつく』(5号)

1946（昭和21）年

紙・誌名称	結社名(地名)	創・終刊月日	発行・編集・印刷人名/参加者名	備　考
連盟ニュース/日本アナキスト連盟ニュース	日本アナキスト連盟準備会（東京・目白のち長崎町，新橋）	2月10日 ⇩ 5月2日	二見敏夫，白井新平	7号(1-4, 6号謄写版, 7号活版) 〈復刻〉7号のみ『戦後版・平民新聞（コピー版）』黒色戦線社1983(以下『コピー版』と略)
先駆	日本アナキスト連盟（準備会）（東京・新橋）	2月17日 ⇩ 4月		3号
中国文化	中国文化連盟（広島）	3月10日 ⇩ 1948年	編・栗原貞子，発・栗原唯一/細田民樹，畑耕一	18号
コスモス 1次	コスモス書店（東京・中野）	4月20日 ⇩ 1948年10月25日	編・発・秋山清/岡本潤，小野十三郎，金子光晴	12号。詩誌
平民新聞	日本アナキスト連盟，平民新聞編集局（東京・新橋）	6月15日 ⇩ 1949年8月22日	編・発・近藤憲二(1-127号)，久保讓(128,129号)	129号。週刊 〈復刻〉『コピー版』，『戦後アナキズム運動資料』1巻緑蔭書房1988(以下，『戦後アナキズム運動資料』緑蔭書房を『緑蔭版』と略。なお1-7巻は1988年，8巻は1990年刊)

自由評論	（名古屋）	12月30日 （再刊6号） ⇩ 1947年2月 28日 （再刊11号）	発・編・印・真野志岐夫	
無風帯社ニュース	無風帯社 （東京・新宿）	7月5日 ⇩ 9月5日	編・印・発・西山雄(勇)太郎	2号
解放青年	解放青年同盟 （東京・杉並のち新橋）	8月20日 ⇩ 1947年2月 20日	編・発・白石幸男/伊藤英司，江藤正夫，大沢正道，田辺一夫，吉田敬進，川崎覚太郎	4号。月刊 解放青年同盟中央機関雑誌。5号を『無政府思想』（1947年4月）と改題
ダダ	ダダの会	8月 ⇩ 1947年10月 （8号）	発・編・印・風間光作	8号
研究社印刷従業員組合組合報	全日本印刷出版労働組合研究社印刷所支部	9月15日 （2号）	支部代表者・水沼辰夫	この号のみ確認
詩と詩人	詩と詩人社 （新潟・広瀬村）	9月 ⇩ 1949年 （8月号）	編・発・関谷与三郎（浅井十三郎）	復刊（旧『詩と詩人』は1939年頃創刊） 1949年8月号は，アナキズム文学特集
詩火	詩火社（浜松）	10月 ⇩ 1959年9月1日	編・発・後藤一夫，小池誠二（浦和淳）/菅沼五十一，松尾邦之助	28号
自由協働叢書	自由協働出版社 （愛知・春日井）	11月3日	編・印・発・伊串英治/小川正夫，逸見吉三，山鹿泰治，小笠原秀美，大門一樹，長芝義治，青山大学，高畑信一，水沼辰夫	第1輯は『萬人の幸福』クロポトキン著
解放ニュース	解放青年同盟 （東京・新橋）	12月20日大会特集号		この号のみ確認
詩精神	千葉詩人会 （千葉）	12月20日 ⇩ 1948年11月	編・発・土屋公平/伊藤和，鈴木勝	7号。詩誌
自治同盟	日本自治同盟	12月21日 ⇩ 1947年	二見敏夫，入江汎，中沢輝夫，山口安二，満田友之助，三井利員	4号。ほかに『日本自治同盟ニュース』あり
関西地方委員会ニュース	（大阪・西成区）	この年(2号)	逸見吉三，青山大学	この号のみ確認

闘士	解放青年同盟 兵庫支部 （神戸）	この年	笠原勉，佐竹良雄，逸見吉三	1号のみ確認
民主新聞	（高知）	この年	発・福島清/井上幸夫	準日刊
自由人	日本自由人連 盟　　（盛岡）	この年	岡崎竜夫	1号のみ確認

1947（昭和22）年

鱒	赤絵書房 （東京）	1月1日	編・宮崎譲，発・江藤正夫	1号のみ確認。詩文芸雑 誌
自由社会新 聞	自由社会新聞 社（東京・小石 川）	2月16日 ⇩ 6月25日	編・発・宗世何，李耕人	4号。週刊
IOM （イオム）	イオム同盟 （姫路，神戸）	3月 ⇩ 1960年	編・安田長久（向井孝）	62集まで確認 1957年56集で終刊。のち 1959年に復刊（57集）
無政府思想	解放青年同盟 （東京・新橋）	4月20日（5号）	編・発・白石幸男	1号 『解放青年』改題，号数継 承
広島生活新 聞	広島生活新聞 社　　　（広島）	8月1日（129号） ｜ 1954年 3月10日（175号）	編・発・栗原唯一/土居貞子	旬刊・週刊
民主タイム ス	（姫路）	9月16日（14号 ＝再刊号）	主宰・小松原弘	この号のみ確認 13号まではボル派。14号 よりアナ派
自由新聞/ 自由	自由新聞社 （兵庫・佐用 郡）	11月1日 ⇩ 1949年3月1日 （7号）	発・小笹勉/向井孝	7号まで確認 7号からSZR（青年自由人 連盟）の機関誌的役割を 担う
無風帯	無風帯社 （東京・新宿）	11月24日 ⇩ 1948年6月 10日	発・印・編・西山雄（勇）太郎/萩 原朔太郎，石川三四郎，卜部 哲次郎，高橋新吉，今井俊三， 飯森正芳，斉藤昌三，今井貞 吉，添田知道，菅野青顔	2号
自由朝鮮	同友社（東京）	11月号 ｜ 1948年 6月25日 （2巻6月号， 11号）	編・発・柳済哲	
輝世新聞	（山口）	この年（7号）	主宰・光田嗣朗	この号のみ確認 7号にアナ連加盟を表明

広島平民新聞	広島平民新聞社　（広島）	この年 ⇩ 1949年	編・発・印・栗原唯一	52号 53号（1949年12月10日）より，日本アナキスト連盟機関紙となる
組織労働者	日本労働組合会議　（東京・本芝）	この年 ⇩ 1949年	編・印・発・相沢尚夫／佐竹良雄，江西一三，逸見吉三，福井陽三	45号（1949年2月25日）まで確認。日本労働組合会議中央機関紙
社会理想ニュース	社会理想研究会　（新潟）	この年	山口健助，三宮吉平，石黒開蔵，小林清一郎，藤崎潔，三島一郎，相馬一郎，平沢貞太郎，田中鉄三郎，須藤蕕	

1948（昭和23）年

無政府主義会議	日本アナキスト連盟（編・姫路，発・東京新橋）	2月10日 ⇩ 1949年10月10日	編・発・無政府主義会議発行委員会（責任者・向井孝）6-8号の編・発は大門一樹	8号副題に，日本アナキスト連盟評論紙（1-7号），8号は日本アナキスト連盟機関紙 〈復刻〉1-5，7，8号は『緑蔭版』1巻
西中労	西播地方中立労働組合会議　（姫路）	4月15日	編・発・西中労書記局（寺西工業労組・安田長久〔向井孝〕）	この号のみ確認。西播地方中立労働組合会議機関紙
民主解放	民主解放同盟　（京都）	6月1日（2号）｜11月1日（7号）	編・発・酒井尊照	
青年労働者	日本アナキスト連盟東京青年部・労働者協議会	6月1日	萩原晋太郎，細谷義男，江口幹	1号のみ確認。東京青年部・労働者協議会機関紙
虚無思想研究（ニヒリズム研究）	星光書院　（東京）	6月28日 ⇩ 1951年4月28日	編・荒川畔村／松尾邦之助	4号
仂く青年	日本労働組合会議大阪地方会議青年部（大阪・難波新地）	8月10日 ⇩	今井芳太郎	1号のみ確認 事務所は南海館内
新潟民報	新潟民報社　（新潟）	10月15日（14号）｜1949年11月15日（22号）	編・発・印・須藤蕕	14号-22号のみ確認

自由連合	日本アナキスト連盟労働運動協議会 （東京）	10月18日 ⇩ 1949年3月1日 （特別号）	萩原晋太郎	2号＋特別号
自由クラブ叢書	自由クラブ （東京）	10月24日	松尾邦之助，佐藤豊，辻まこと，川崎覚太郎，上原利夫，大沢正道，松尾志呂生，田辺一夫，金子嗣郎，金子重雄，雨野一雄	1号
思想紀元	民主解放同盟 （京都）	10月頃	市川白弦，小笠原秀実，大門一樹	号数不詳
リベルテ	リベルテ編集室（東京），リベルテ発行所のちリベルテ社　（広島）	11月1日 ⇩ 1949年10月1日（5号）	発・編・栗原唯一	5号まで確認。アナキズム文芸誌。『中国文化』改題。1954年創刊の『リベルテ』に誌名と号数を継承
ANA	イオム同盟	この年 （12集＝復刊）	IOM同人	12集のみ確認
亞流	日本アナキスト連盟神戸地方青年部	この年	大歳，三谷	1号。山陽電車労組を対象とする機関紙
自由クラブ通報	自由クラブ （東京）	この年か1949年		2号か3号

1949（昭和24）年

新樹	新樹社（東京）	3月 ⇩ 1951年4月	編・発・清水清	22号。文芸誌
日本アナキスト連盟ニュース	日本アナキスト連盟（東京・芝新橋）	6月6日 ⇩ 9月19日（6号）	編・坂田屋喬	6号。半月刊〈復刻〉3号のみ『緑蔭版』8巻
全国生活擁護団体連合会ニュース	全国生活擁護団体連合会（東京・大井鎧町）	8月15日	代表・岩佐作太郎，常任委員・長谷川武，杉本博，若杉浪雄，宮崎秀人，向井孝，島津一郎，吉田潔，大門一樹	1号のみ確認
自由クラブ通信	自由クラブ	8月 ⇩ 1951年1月	編・発・松尾邦之助	13号。通信の前史としてパンフ『アッフランシスムの宣言』を刊行。『アフランシ』（1951年4月）に継承

（1949年）

機関紙労働者	全日本印刷出版労働組合日本機関紙印刷所分会（東京・芝愛宕町）	10月1日 ⇩ 1960年10月1日（15周年特集）	編・発・綿引邦農夫, 関谷幸雄, 泉川庄司	
コスモス 2次	コスモス社（東京・中野）	12月1日 ⇩ 1957年9月20日（再刊2号, 通巻19号）	編・発・秋山清	7号（通巻19号） 1957年5月25日再刊1号＝通巻18号刊
平民新聞	日本アナキスト連盟, 平民新聞社（広島）	12月10日（53号） ⇩ 1950年4月20日	印・編・発・栗原唯一, 編集担当責任者・久保譲	7号（53〈通巻130〉-59号〈136号〉）。旬刊『広島平民新聞』と合併 〈復刻〉『コピー版』,『緑蔭版』1巻
支局だより	日本アナキスト連盟姫路支局（姫路）	12月10日	向井孝	1号。『平民新聞』53号付録 〈復刻〉『コピー版』
平等	（兵庫）	この年	小笹勉	
フエルジナン	（浜松）	この年	新村好雄	1号確認。詩誌
ヒロシマ婦人新聞	（広島）	この年 ⇩	土居貞子	

1950（昭和25）年

解放	自由社会主義同盟中央機関紙（東京・武蔵野市のち渋谷）	1月13日 ⇩ 5月5日（7号）	編・江口幹, 白石徳夫	7号まで確認
世紀理論	世紀理論新聞社（東京・練馬）	2月10日 ⇩ 5月15日	編・大門一樹	4号まで確認。月刊
全国生活新聞	生活新聞社（千葉・松戸）	3月20日（16号） ｜ 10月10日（18号）	編・山口健二（東京・新橋）	全国生活擁護団体連合会機関紙
自由人新聞	国際自由人協会のち自由人新聞社, 自由人新聞編集局（東京・立川）	3月20日 ⇩ 1973年8月1日（253号）	編・印・発・島津一郎	月刊

平民新聞	日本アナキスト連盟，平民新聞社（岡山）	5月1日（5号，通巻139号）⇩12月25日（18号，通巻151号）	印・編・発・高畑信一（5-17号），多田昇（18号）	10号（5-7, 9, 10, 12, 13, 16-18号確認）。旬刊18号発行時には，全日本アナキスト準備連盟事務局を担う〈復刻〉『コピー版』，『緑蔭版』1巻
処女地帯	北方自由詩人集団　（秋田）	5月⇩1975年（62号）	押切順三，北本哲三/制作・草階俊雄	詩誌。季刊連帯誌『処女地帯 頭脳戦線』に継承。1976年2月，3月号を確認
労働運動	労働運動社（ASG＝アナルコ・サンジカリスト・グループ）（大阪・西成）	6月25日⇩8月10日（7, 8月合併号）	印・発・逸見吉三，編・久保譲/萩原晋太郎	2号。月刊ASGは，AIT日本セクションも担う
文化新聞	（東京・吉祥寺）	この年	主宰・宮崎譲	

1951（昭和26）年

ノンベル報/ノンベル学報	あるじのなき家/あるじのない家（京都）	3月1日号（他2号）		3号分確認
平民新聞	全日本アナキスト準備連盟事務局，平民新聞社（大阪・高津）	3月31日（19号・通巻152号）⇩5月25日（21号・通巻154号）	印・編・発・逸見吉三	3号。月2回刊〈復刻〉『コピー版』，『緑蔭版』1巻
平民新聞エスペラント版	（京都）	3月31日（19号版）｜5月25日（21号版）	山鹿泰治	〈復刻〉21号〈『平民新聞』通巻154号〉版のみ『コピー版』
アフランシ	自由クラブのちアフランシ社（東京・北山伏町）	4月1日⇩1957年12月15日	編・発・松尾邦之助（1号），大沢正道（2-36号）	36号。月刊7号からアフランシ社を名乗る〈復刻〉『緑蔭版』7巻
平民新聞（横浜地区）	パンと自由社（横浜・磯子）	6月5日	編・印・長谷川武，発・片岡裕策	1号のみ確認〈復刻〉『コピー版』
東京地協ニュース	アナキスト連盟東京（東京・雪ヶ谷）	6月15日（3号）		3号のみ確認

(1951年)

連盟ニュース	アナキスト連盟(東京・雪ヶ谷)	6月15日 ⇩ 1952年1月1日 (13号)	編・山口健二	7号分(1, 5, 7, 9, 10, 11, 13号)のみ確認 〈復刻〉5, 7, 9, 10, 11, 13は『緑蔭版』8巻
自由共産新聞	アナキスト連盟(東京・雪ヶ谷)	7月15日 ⇩ 1952年3月25日	印・編・発・山口健二	8号。月刊 〈復刻〉『コピー版』、『緑蔭版』1巻
自由共産新聞エスペラント版	(京都)	7月15日	山鹿泰治	『自由共産新聞』1号版のみ確認。月刊 〈復刻〉『コピー版』
コムミュン	コムミュン社(東京・小岩)	8月5日(12号) ｜ 11月20日 (15号)	編・発・中川敏夫	4号分確認
アナキスト・クラブ	日本アナキスト・クラブ(東京・大井鎧町)	9月1日 ⇩ 1955年3月15日	編・印・発・綿引邦農夫	17号 18号から『無政府新聞』(1955年)と改題 〈復刻〉『緑蔭版』3巻・『アナキストクラブ機関紙合本』黒色戦線社1991(以下『黒戦版』と略)
自由共産新聞　九州版	自由共産新聞九州総局(福岡・穂波村)	9月10日 ⇩ 10月5日	印・編・発・杉藤二郎	3号。旬刊 4号から『九州自由共産新聞』に改題 〈復刻〉『コピー版』、『緑蔭版』1巻
九州自由共産新聞	九州自由共産新聞社(福岡・穂波村)	10月15日 (4号) ⇩ 12月5日(9号)	印・編・発・杉藤二郎	6号。旬刊 『自由共産新聞九州版』改題 〈復刻〉『コピー版』、『緑蔭版』1巻
平民新聞	平民新聞社(福岡・穂波村)	12月15日 ⇩ 1953年5月25日	編・発・杉藤二郎	50号(ただし、1-15号、号外(中央版(1952年5月25日))、17-32号、34-50号のみ確認)。なお18-20、23号にはリーフレット(8頁)の附録あり。『九州自由共産新聞』改題 〈復刻〉『コピー版』、『緑蔭版』1巻
岳麓労働	富士地区労働組合会議，富士地区一般産業合同労働組合(静岡・吉原，富士)	この年(30号) ｜ 1976年4月 (127号)	編・発・福田武壽	月刊

毒―詩と思想	毒の会 (静岡・吉原)	この年(36号) | 1952年(43号)	福田武壽，釘谷芳男，佐藤	
金剛石	(名古屋)	この年 ⇩ 1974年	松井不朽/高橋敷(『人間改造』の主幹)	1000号 1001号(1974年4月25日)より『人間改造』(1974年)と改題
コンクリート	(神戸)	この年	笠原勉	不定期刊
批評	批評の会 (姫路)	この年	向井孝，寺崎弘/高島洋	不定期刊

1952(昭和27)年

土曜詩人	土曜詩人の会 (神戸)	1月15日(5号) | 7月廃刊	成瀬純	5，8，9号確認。不定期刊
兵庫地協ニュース	(姫路)	1月25日(8号)	向井孝	この号のみ確認
新文化	新文化新聞社 (名古屋・東陽町)	4月5日 ⇩ 1954年1月10日(12号)	編・印・大鐘保治，発・蟹江正直 のち編・印・伊串英治，発・蟹江正直，編・印・発・伊串英治	12号まで確認
無門倶楽部		4月 ⇩ 1973年	亀井高義	『文中時代』後継誌
芸備評論	(広島・三原)	5月1日(41号) | 1963年12月6日(769号)	編・発・青山大学	昭和22年4月8日第三種郵便物認可
平民新聞附録関西版	平民新聞関西総局 (大阪・高津)	5月25日 | 6月25日		2号分のみ確認。それぞれ，『平民新聞』17号＋号外(中央版)，『平民新聞』20号と同時に発行〈復刻〉『コピー版』
九州地協ニュース	アナキスト連盟九州地方協議会	5月28日		1号のみ確認〈復刻〉『緑蔭版』8巻
アナキズム	アナキスト連盟(東京・雪ヶ谷のち大阪・東住吉，西成)	12月1日 ⇩ 1955年7月10日	近藤憲二，福井陽三，山口英	24号(全23号。13号欠番・発行せず)。月刊アナキスト連盟全国機関雑誌1-6号(東京)，7-22号(大阪・東住吉)，23-24号(西成)で発行〈復刻〉『緑蔭版』4巻

（1952年）

噴火	（姫路）	この年	山岸	

1953（昭和28）年

自由市民	自由市民社（大阪・東住吉），政治労働通信社（神戸）	1月15日 ⇩ 1954年12月1日（13号）	編・発・小松亀代吉/崎本正	13号まで確認。月刊。創刊以前の1952年12月5日に『自由市民』号外を刊行。11号より，戦争抵抗者インターナショナル日本支部機関紙（宣伝紙）
地協ニュース	日本アナキスト連盟阪神地協事務局	9月13日（4号）		この号のみ確認
亜細亜詩人	西東書林（東京）	10月 ⇩	編・大江満雄，発・福原寅雄/鶴見俊輔	詩誌
復活	復活社（東京・亀有）	この年（2号）| 1955年8月（23号）	市橋善之助（個人月刊誌）	1955年1-3月号を確認，1954年末に休刊，1955年8月に復刊（23号）

1954（昭和29）年

国際情報	アナキスト連盟	3月1日		1号のみ確認
リベルテ	アナキスト連盟（大阪・東住吉）	3月10日 ⇩ 1955年1月10日	福井陽三	6号（10-16号。ただし13号は欠番・発行せず）。広島で発行（1948年創刊）されていたアナキズム文芸誌『リベルテ』の誌名と号数を引き継ぐ〈復刻〉『緑蔭版』5巻
人間	人間詩房（佐世保のち東京）	3月 ⇩ 1972年（3次15号）	編・発・野田欽三/中島光夫，塚本貞一，山田かん，西山又二，槙英輔，秋原英夫，池田時夫，高木護	第3次は1970年創刊
連盟ニュース	アナキスト連盟事務局	5月7日 ⇩ 9月15日（4号）	福井陽三	〈復刻〉1, 2号は『緑蔭版』8巻
政治労働新聞	政治労働通信社（京都）	8月1日（復刊104号）	編・発・瀧真美子/平野光一，山鹿泰治	この号のみ確認
アナキストクラブニュース	日本アナキストクラブ	9月29日 ⇩ 1955年4月21日（8号）	加藤亮	8号まで確認

| 柳 | ソオル社 | 11月
⇩
2011年2月 | 唐沢隆三(個人誌) | 863号 |
| 考ふる人 | (藤枝) | この年
｜
1955年 | 内田庄作(個人月刊誌) | |

1955(昭和30)年

天狗雑誌	天狗雑誌社 (京都のち茅ヶ崎)	4月1日(2号) ｜ 10月1日(8号)	編・添田知道,平野弘子,小生第四郎	「編集・小生夢坊・添田知道・平野光一」とあり 7号から発行所が茅ケ崎に移る
平民新報	平民新報社 (岩手・花巻)	4月1日	発・岡崎龍雄	1号のみ確認
黒濤	(東京・杉並)	6月1日	編・発・邦創平	1号のみ確認
無政府新聞	無政府主義運動(東京・大井鎧町)	6月15日 ⇩ 1958年1月1日	編・発・綿引邦農夫	7号(18-24号)『アナキスト・クラブ』改題。25号から『無政府主義運動』(1958年)と改題 〈復刻〉『緑蔭版』3巻・『黒戦版』
世界市民	世界市民国際登録所日本部(千葉・市川)	6月 ⇩ 1956年7月20日(3号)	山鹿泰治	3号まで確認
作品・批評	(東京)	6月 ⇩ 1958年4月	編・川仁宏,黒田敏嗣,山田年也(岡田睦)	3号。文学同人誌
国際ニュース	日本アナキスト連盟国際局	7月10日 ⇩ 7月30日		3号まで確認
抵抗者	抵抗者社のちレヂスタンス社(福岡)	8月15日(2号) ｜ 1957年7月1日(8号)	発・青木弘/青木真子	8号
連盟通信	日本アナキスト連盟事務局(東京・調布)	10月10日 ⇩ 1959年2月1日	近藤憲二,大沢正道	34号 〈復刻〉『緑蔭版』8巻
NON	ノン同盟(彦根)	11月 ｜ 1957年	編・猪野健治	4,6,7,9号確認ノン同盟機関誌。詩誌

(1955年)

ひろば	ひろばの会 (東京・調布の ち大阪・生田)	12月1日 ⇩ 1959年5月1日	発・大沢正道, 大森尚, 高島洋, 山口英, 永田(名古屋), 猪野 健治	13号。季刊 1号(東京), 2号より(大 阪)。6号から「ヒロバ」と 表記。14号から『無政府 研究』と改題 〈復刻〉『緑蔭版』6巻
蝶	土の会(岩手)	この年 (111, 12月号) ｜ 1957年	編・小鴨鳴秋	111, 12月号, 117, 118, 128-130号確認 詩誌
フリーダム (日本版)	(愛知・常滑)	この年		1号のみ確認
ムギメシ	(東京・練馬)	この年	杉本博	4号まで確認。日雇労務 者誌
ひろば	日本アナキス ト連盟機関誌 (東京・調布)	この年	近藤憲二	1号のみ確認
造形	(姫路)	この年	生田均	リーフレット

1956(昭和31)年

JAF関西地 協ニュース	日本アナキス ト連盟関西地 協(神戸・生田 区のち兵庫 区)	1月10日(7号) ｜ 1961年 10月10日号	小黒基司, 前田幸長, 向井孝	号数不明。7号, 11号, 102号(1956年12月20日), 106号(1957年5月27日), 112号(58年2月25日)-61 年10月10日号を確認。12 号から100号は欠番か 〈復刻〉『緑蔭版』8巻
夢 (SONĜO)	夢社(名古屋・ 鉄砲町)	1月20日 ⇩ 1957年9月1日	発・編・伊串英治, 長縄文夫	5号(1, 2, 3, 一周年記念 号, 9月1日号を確認) 9月1日号は, 『資料日本社 会運動史』(通巻12号, 1958年刊)の2号にあたる
詩論	創美社 (東京・新宿)	1月	別所直樹, 川崎覚太郎, 長嶋 武彦	1号確認
クロハタ	クロハタ編集 局(福岡のち 東京・北山伏 町)	3月18日 ⇩ 1962年8月1日	編・発・副島辰巳(1-23号), 大 沢正道(24-78号)	78号。月刊 79号より『自連』に改題 〈復刻〉黒色戦線社1984, 『緑蔭版』2巻
ポエトリ		この年(2号)	片桐ユズル	この号のみ確認。詩誌
合同労組	(静岡・吉原)	この年(2号)	福田武壽	この号のみ確認
Esperan- to-Folio de AFJ	(京都〈日本ア ナキスト連 盟〉)	この年 ⇩ 1961年	山鹿泰治	22号分確認(1956年は1 号, 57年7月, 58年6月, 59 年5月, 60年2月, 61年1月 分)。アナ連全文エスペ ラント機関紙

SORTO	同志社大学エスペラント同好会　（神戸）	この年 ⇩	前田幸長，村瀬博之	詩集合冊は1962年刊
窓	日本反戦学生同盟東山支部（名古屋）	この年	編・岩崎重夫（名古屋大学理学部）	日本反戦学生同盟東山支部機関誌
平和の鐘	宇佐平和の会（高知）	この年	松岡正人	
広場	宇佐一般労働者組合（高知）	この年	松岡正人	

1957（昭和32）年

名古屋社会運動者列伝「資料」	（名古屋・東陽町）	1月1日	発・編・伊串英治	1号。『資料日本社会運動史』（通巻12号，1958年刊）の第1号にあたる
凡人	保証生活相互扶助協力会，凡人舎（横浜）	3月10日	発・吉田只次	1号のみ確認
姫路タイムス	姫路タイムス社	9月1日 （155号）	編・発・向井孝	この号のみ確認
不盡	共学社（東京・世田谷）	11月23日 ⇩	発・編・石川永子	2号 1号は石川三四郎追悼
石鉄短信	（横浜）	この年もしくは1958年？ | 1961年	石井鉄治	

1958（昭和33）年

無政府主義運動	日本アナキストクラブ（東京・大井鎧町のち川崎，東京・目黒，新宿）	2月1日 ⇩ 1980年3月20日	編・印・発・綿引邦農夫（62号まで），女屋勘左衛門（63-65号）	43号（25-67号） 『無政府新聞』改題 〈復刻〉『緑蔭版』3巻，『黒戦版』
愛知県社会運動者略伝「資料」	（名古屋・東陽町，大阪・八尾市）	3月15日	著者・伊串英治，印・逸見吉三	1号。『資料日本社会運動史』（通巻8号，1958年5月刊）の3号にあたる

資料日本社会運動史	資料日本社会運動史調査所（名古屋・東陽町），資料日本社会運動史刊行会（同），日本社会運動史料発行所（同）	5月15日(4号)⇩1961年4月1日(13号)	発・編・伊串英治	8号(通巻全12号〔合併号あり〕)。通巻1号は『名古屋社会運動者略伝「資料」』(1957年1月1日)，2号は『夢』の1957年9月1日号，3号は『愛知県運動者略伝「資料」』(1958年3月15日)にあたる
西播原水協ニュース	（姫路）	7月10日⇩	向井孝	創刊号の前に号外(1958年7月7日)あり
鉱害	（福岡）	8月⇩1959年1月20日 (5, 6合併号)	発・編・杉藤二郎	6号
サークル村	九州サークル研究会（中間）	9月20日⇩1961年10月	上野英信，木村日出夫，神谷国喜，田中巌，谷川雁，田村和雅，花田克己，森一作，森崎和江	31号〈復刻〉不二出版2006
形象		11月⇩1963年6月	編・今泉省彦，川仁宏(7号より)	8号9号(1964年6月)より『機関』に改称
ポレミーク	（横浜）	この年	大門一樹	純アナキズム理論誌
るつぼ		この年	青島茂	

1959（昭和34）年

イオム同盟ニュース	イオム同盟	9月5日		この号のみ確認
無政府研究	PBKの会（神戸・生田区のち兵庫区）〔PBK＝プルードン，バクーニン，クロポトキン〕	10月20日⇩1961年4月1日	発・山口英	4号(14-17号)。季刊『ヒロバ』(1955年)改題。18号から『アナキズム』に改題15号より兵庫区発行〈復刻〉『緑蔭版』6巻
狙撃兵	グループ狙撃兵（大阪）	この年(5集)｜1961年2月(10号)	藤本正彦	5集と10号を確認
黒点	黒点発行所（秋田）	この年	草階俊雄	2号(ハガキ雑誌)，4号(10頁の雑誌に変更)のみ確認

目ざまし新聞	（横浜）	この年	発・大川新九郎	2号まで確認

1960（昭和35）年

労働運動	日本アナキスト連盟労働運動協議会（東京・北山伏町）	1月1日 ⇩ 11月11日	大沢正道，萩原晋太郎，安達英男	4号「クロハタ」付録
労働運動 （関西版）	日本アナキスト連盟阪神労働者懇談会 （神戸）	2月1日 ⇩ 1962年4月10日	編・高島洋	6号 〈復刻〉『緑蔭版』8巻
大逆事件の真実をあきらかにする会ニュース	大逆事件の真実をあきらかにする会 （東京）	4月20日 ⇩ 2024年1月24日（63号）	編・発・坂本昭（1-4号），森長英三郎（5-17号），大原慧（18-20号），山泉進（21号-）/〈実務〉遠藤斌，小松隆二，近藤千浪，大野みち代，宮脇俊介，坂田敏文，中村愿，岡野幸江，大岩川嫩	63号（継続中） 〈復刻〉『大逆事件の真実をあきらかにする会ニュース第1号-第48号』ぱる出版2010
変革者の言葉	集団「変革者の言葉」（新宿・北山伏町）	6月20日（2号） ｜ 9月頃（3号）	大沢正道	3号
自由思想研究	自由思想研究編集室，審美社 （東京）	7月31日	小松隆二	1号 2号から『自由思想』と改題 〈復刻〉『自由思想』黒色戦線社1989
自由思想	自由思想編集室，審美社 （東京）	10月20日（2号） ⇩ 1961年（7号）	小松隆二	6号（2-7号）。『自由思想研究』改題 3号から自由思想の会編集，6号から地六社発行 〈復刻〉黒色戦線社1989
戦争抵抗者	WRI日本支部（東京・江戸川町）	11月5日 ⇩ 1966年11月1日	編・遠藤斌，向井孝	15号。月刊。事務所は競週，啓衆ビル内（61年，文京区江戸川町，65年同区後楽）
叛逆	（東京・初台）	12月1日	発・田中安	1号のみ確認

1961（昭和36）年

アナキズム	日本アナキスト連盟（東京・北山伏町）	5月1日 ⇩ 1962年8月1日	大沢正道，山口英	3号（18-20号）。季刊 『無政府研究』（1959年）改題 〈復刻〉『緑蔭版』6巻

（1961年）

ムーヴ	文化綜合通信社編輯局（大阪・天神橋筋）	5月1日⇩1971年10月1日（60号）	発・林隆人，編・宮脇久	表紙に「MOVE」とあり
ひろしまの河	原水爆禁止広島母の会（広島）	6月15日⇩1975年7月25日	編・栗原貞子	19号。栗原は，5号（1962年）まで編集に携わる
素面	素面の会（埼玉・大宮）	10月10日⇩1980年12月10日	添田知道，村松永一，村松千代，古河三樹，佐々木克子，沙和宋一（以上，創刊メンバー）／発・古河（1号），村松千代（2号），沙和（3号），添田（4号），沙和（5-24号），山中八千代（25-35号），望月憲（36-76号）	76号

1962（昭和37）年

日本アナキスト連盟ニュース	日本アナキスト連盟関西地協（神戸・兵庫区）	1月10日｜1963年2月10日	前田幸長，山口英，向井孝	13号〈復刻〉『緑蔭版』8巻
火点	後方の会（東京・下石神井のち中村北）	1月20日（2号）｜7月25日（5号）	大沢真一郎，川仁宏，山口健二，定村忠士，谷川公彦	筑豊・中間に「手をにぎる家」を作るための募金活動用機関紙
自由	（岐阜）	2月5日⇩8月1日（4号）	すみぜんいち	
反議会戦線	反議会戦線編集委員会（東京・武蔵野）	4月⇩1965年（5号）	編・高知聡，発・正木重之／岸本健一，北小路敏，松田政男	別冊『議会主義との決別』（1962年刊），1965年時点で岸本，北小路敏は離脱
カモメ	かもめ会（愛知・常滑）	4月	各務，小川潜	2号まで確認。詩誌
The Echo（エコー）	（神戸）	5月25日⇩12月10日	編・平山忠敬，平山房子，前田幸長	3号
超と反	反の会（現代思潮社）	6月24日⇩	編・石井恭二，山口健二／谷川雁，渡辺京二，菅孝行，宮原安春	2号？
瓢饅亭通信	（福岡）	6月⇩1993年6月（9期2号）	前田俊彦	
同盟ニュース	大正鉱業退職者同盟	8月10日（6号）		この号のみ確認

自由連合	自由連合編集局(東京・北山伏町)	9月1日⇩1969年1月1日	編・発・大沢正道	69号(79-147号)。月刊『クロハタ』(1956年)改題〈復刻〉黒色戦線社1984,『緑蔭版』2巻
SORTO(合冊)	エスペラント同好会(神戸)	9月20日⇩1967年9月4日(2号)	前田幸長,村瀬博之	3号。詩集。創刊は1956年
コスモス3次	コスモス社(愛知渥美郡のち岐阜市)	11月1日⇩1970年1月1日	編・発・河合俊郎(4号まで),発・河合俊郎,編・えのき・たかし(8号まで),編・発・吉田欣一(20号まで)/秋山清,伊藤正斉,錦米次郎	20号(通巻39号)
アカタレプシイ		この年⇩	風間光作(個人誌)	8号まで確認
富士地区労ニュース	(静岡)	この年		
犯罪者の赤い風船	犯罪者同盟(東京)	この年|1963年8月15日(特別号『赤い風船あるいは牝狼の夜』)	宮原安春	1冊(号数不明)のみ確認〈復刻〉犯罪者同盟機関誌『赤い風船あるいは牝狼の夜』前夜社1972
地熱	地熱の会(岐阜)	この年?⇩1966年(33号)	鷲見善一	23,25号(1964年),33号のみ確認

1963(昭和38)年

米騒動の研究	日本社会運動史研究所(名古屋・東陽町)	2月10日⇩4月10日(2号)	伊串英治	
自立学校シリーズ	自立学校(東京・西神田)	4月1日⇩	石井恭二/谷川雁,今泉省彦,山口健二,大沢真一郎	1号のみ確認。パンフレット
連盟ニュース	GAの会(神戸・兵庫区)〔GA=現代アナキズム〕	6月|1966年11月10日	前田幸長,山口英,向井孝,平山忠敬	16号分確認〈復刻〉『緑蔭版』8巻
あかつき	日本アナキスト連盟名古屋地協(岐阜・名古屋)	7月⇩1964年6月14日	編・小川潜,蟹江正直	10号

（1963年）

	個	個の会とリュニークの会（東京・大田のち藤沢）	8月20日⇩1969年2月15日	編・発・松尾邦之助	14号〈復刻〉『「個」個の会とリュニークの会紙』黒色戦線社1984

1964（昭和39）年

	自連姫路支局通信		1月31日		この号のみ確認
	名古屋地協例会通信	名古屋地協（名古屋・大同町）	2月6日	蟹江正直	この号のみ確認
	芸術と自由	芸術と自由社（東京・大田のち千葉・船橋）	3月1日⇩2020年4月（319号）	小倉三郎〔尾村幸三郎〕/穂曾谷秀雄	復刊（旧『芸術と自由』は1925年5月創刊）
	小川正夫遺稿集発刊準備ニュース	（愛知・常滑）	3月21日		1号のみ確認
	国際平和行進ニュース	国際平和行進協力委員会（東京・江戸川町）	1964年6月1日⇩8月24日	編・向井孝	30号。事務所は，啓衆ビル内
	機関		1964年6月（9号）⇩1966年3月（10号）	川仁宏	2号。『形象』改題
	国際平和行進ニュース（長浜版）	国際平和行進協力委員会	1964年7月		1号
	暦	（東京・豊島区）	1964年9月20日⇩1965年	野田茂徳・野田千香子（個人誌），のち野田茂徳（個人誌）	5号まで確認。笹本雅敬気付
	BBM通信	BBM通信社（東京・新宿）	この年⇩	松田政男，山口健二，笹本雅敬	月刊。ハガキ通信

1965（昭和40）年

	aná	aná klub（東京・目黒）	1月20日⇩10月1日	編・松浦孝行/白仁成昭，笹本雅敬	2号。『tsc aná』（1967年）に継承

ＩＯＭ―イオム（通信）	向井孝（姫路）	2月15日 ⇩ 1995年3月		336号（なお141-193号〈1972年12月-76年8月〉は『SALUTON―サルートン通信』と改題）
城	近畿丸製ナット工業組合・月報（兵庫・姫路）	2・3月号	向井孝	
オルガナイザー	オルグ集団（大阪・堺）	4月1日（9号）		『抵抗』改題
アナキスト	日本アナキスト連盟明治大学支部，無政府主義者止揚研究所（東京・小金井）	5月1日（2号）	中沢	この号のみ確認
東京行動戦線	東京行動戦線（東京・西神田）	6月15日 ⇩ 1966年2月15日（9号）	編・石井恭二，穴木照夫〔川仁宏〕/山口健二	9号まで確認
ナゴヤ経済界	名古屋経済クラブのち金剛石社（名古屋）	8月20日（98号）|1981年1月1日（242号）	発・松井不朽，編・昆恭一	月刊『金剛石』姉妹紙。1976年頃『民主経済』と改題
抵抗通信	抵抗通信社（福岡）	8月 ⇩ 10月20日	編・発・井原末九郎	2号 1号謄写版，2号活版
黒色戦線	青年アナキスト連盟，地六社（東京）	11月30日	笹本雅敬，大島啓司	1号。青年アナキスト連盟機関紙。2号から『現代アナキズム研究』（1968年）に改題
KURO（機関紙クロ）	東京都立大山高等学校アナキズム研究会	12月1日 ⇩ 1966年7月13日（5号）	編・発・河原功	
梁山泊	京都大学学園評論社（京都）	12月25日（2号）|1966年4月15日（3号）	編・藤木睦子，藤本邦雄	2-3号のみ確認

1966（昭和41）年

革命思想	革命思想研究会（大阪・三島郡）	4月12日 ⇩ 5月4日（6号）	小西，三浦，池田，北川，和田	青年アナキスト連盟・高校生会議からの移行

（1966年）

梁山泊政論	梁山泊編集局，学園評論社（京都）	4月18日	編・平岡正明，田辺繁治，藤本邦雄	1号のみ確認
労働と解放	労働と解放社（神戸）	5月5日 ⇩ 1968年9月9日	発・平沢貞太郎，編・高島洋	7号 題字（3号より）に「Laboro kaj Emancipo」とあり〈復刻〉『緑蔭版』8巻
クロポトキン・パンフシリーズ	自連編集局，日本アナキスト連盟（東京・北山伏町）	5月（1集） ⇩ 1967年9月（5集）	制作・鬼頭広明	1集『青年に訴ふ』，2集『革命の研究』，3集『法律と強権』，4集『代議制度』，5集『革命政府』
三文評論	三文評論社（長野）	5月号 | 1970年（61集）		月刊。同人雑誌
現代アナキズム	自由革命研究会機関紙（大阪）	6月6日（11号）	池田，三浦，北川，和田	『革命思想』（革命思想研究会）後続
週刊三文評論	（長野）	8月21日（94号） | 1973年3月25日（318号）	東天紅	『（月刊）三文評論』の内部通信。のち『（月刊）三文評論』の後継紙となる。1976年に『風見鶏通信』として再刊。同人雑誌
反戦通信	ベトナム反戦直接行動委員会（東京・幡ヶ谷のち上目黒）	9月25日 ⇩ 1967年6月1日（10号）		10号＋号外（1966年11月25日，67年5月28日）。事務所は地六社内，のち黒層社気付
現代の朝	現代の朝社（東京・三鷹）	11月1日	編・発・宮崎譲	1号のみ確認
黒の手帖	黒の手帖社（東京・北山伏町）	11月20日 ⇩ 1977年6月10日	編・発・大沢正道	22号
INFORMILO	Japana Sekcio de Internacio Militrezistantoj（姫路）	12月6日	向井孝	1号
JAF連盟ニュース	日本アナキスト連盟名古屋地協（愛知・常滑）	12月10日 ⇩ 1968年1月16日	編・小川潜	11号＋臨時号（1967年11月1日）〈復刻〉10号＋臨時号は『緑蔭版』8巻
らしんばん	自由主義学生会議	この年 ⇩	実方藤男	

黒旗の下に	自由思想研究会　（川崎）	この年		「サンジカリズム理論誌, アナキズム第二次発行」とあり

1967（昭和42）年

SALUTON（サルートン）	GAの会（神戸・灘区）	1月15日 ⇩ 4月29日（2号）	小黒基司	2号＋臨時号（1967年10月23日）確認。GAの会会報（ニュース）
反議会戦線（番外）	反議会戦線編集委員会（東京・板橋）	1月25日	松田政男	1号のみ確認
tsc aná/ALS ANA	tsc atelier aná（東京理科大学アナキストクラブ）/黒層社, 学生アナキスト連盟（ALS）東京理科大支部	2月2日（3号）｜（4号）		3号が創刊号『aná』（1965年）を継承
世界革命運動情報	レボルト社	2月 ⇩ 1972年4月	青江俊（山口健二）	28号＋特別号3冊（1969年8月, 70年10月, 71年2月）
アナーキ	アナーキズム研究会（東京・新宿）	4月20日 ⇩ 1974年（16号）	編・はしもとよしはる	16号まで確認。バルカン社
AMITIE（アミチエ）通信	SCI関西（大阪・西成）	6月11日（12号）｜10月12日（16号）	加島文	
直接行動	労働者社会主義研究会（大阪・東住吉）	7月24日 ⇩ 9月	池田和義	3号まで確認
公判ニュース	黒層社, ベトナム反戦直接行動委員会（東京・上目黒）	9月10日 ⇩		2号まで確認

大阪あなきずむ	大阪アナキズム研究会（大阪・東住吉）	10月21日 ⇩ 1968年11月	編・因幡節，山口英/尾関弘	4号
アルゴ	（神戸）	この年 ⇩ 1971年4月 20日	前田幸長，平山忠敬，平山房子	14号
無告通信/ 無告窓	無告窓 （東京・練馬）	この年 ｜ 1971年	松村潔	
ALS状報	黒層社，学生アナキスト連盟 （ALS）	この年		1号。『ALW叛戦』に継承
ALW叛戦	叛戦攻撃委員会，黒層社（東京・上目黒）/ 背叛社（東京・上落合）	この年 ⇩ 9月		5号。ALW＝the attacking league to the War

1968（昭和43）年

非暴力ニュース	非暴力反戦行動（東京・杉並のち世田谷）	5月3日 ⇩ 1970年5月6日 （10号）	川上賢一，柴田道子，金井佳子/鶴見俊輔	10号まで確認
現代アナキズム研究	現代アナキズム研究会（東京・南千束）	5月 ⇩ 1969年	葦井友	5号 『黒色戦線』（1965年）改題
NON	早大アナキズム研究会	6月20日 ⇩ 8月25日（2号）	北村孝一	月刊
アナルコス	アナルコス編集委員会（東京・新宿）のちアナルコス社（東京・上荻）	6月20日 ⇩ 11月20日 （3号）	蓮台寺晋	3号まで確認
スペイン	明治大学スペイン革命研究会	8月23日		1号のみ確認。スペイン革命研究者連合，明大黒騎士団
風信	風信社（愛知・江南のち一宮）	9月1日 ⇩ 1970年8月1日	発・浅野紀美夫	3号。3号のみ一宮発行
高群逸枝雑誌	高群逸枝雑誌編集室 （水俣）	10月1日 ⇩ 1980年12月25日	橋本憲三（1-31号〈1976年4月1日〉）	32号。橋本憲三没後の32号は橋本静子，石牟礼道子，渡辺京二による編集

印友	印友会本部（東京・墨田）	11月15日 ⇩	編・発・堀江磯吉/山口健助, 中村茂	1号のみ確認。印友会は, 戦前の東京印刷工連合会（関東出版産業労働組合, 東京印刷工組合）の闘士によって結成
L（エル）	自由戦線出版局（武蔵野芸術大学）	11月15日（2号）｜12月25日（芸術祭特集号）		不定期刊
マロース（мороз）	蒼ざめた馬社（札幌のち小樽）	11月26日 ⇩ 1971年6月15日（9号）	てづかあきら, 鈴木和男, 菊地伸視, 山部嘉彦, 卯木真, 中村恒, 下原智恵, 小村還, 中須時次郎, 宮園多恵子	9号の後, 特別臨時号（1971年9月16日/宮園多恵子筆）が, 蒼ざめた馬社三多摩より刊行。ただし連絡先は東京のステインプル同人・山田恵, 札幌・浜渕雅寿
小樽べ平連通信	（小樽）	12月30日	山部嘉彦	
労働者社会主義	労働者社会主義研究会（大阪・東住吉）	この年	池田和義	

1969（昭和44）年

ヒメジ反戦/ヒメジ反戦ニュース	ベトナム反戦姫路行動（姫路）	1月20日（15号）｜5月30日（20号）	向井孝	20号まで確認。『虫』（1970年）に改題
リベルテ3次	リベルテ社（秋田）	1月22日 ⇩ 1972年2月25日（第3次第4巻第1号通巻第14号）	編・発・草階俊雄/（押切順三, 新明文吉）	14号。東北・北海道の同志消息交流紙。土着アナキストの感情と思念の季刊誌。1948年, 1954年創刊の『リベルテ』の精神を引き継ぎ, 「3次」を名乗る。1972年に『空間』と合流し『パランカ』となる
FREEDOM	フリーダム・プレス（埼玉・蕨）	2月15日（8号）｜3月16日（11号）	小林昭仁/遭実研一	
連帯	労働者社会主義運動結成準備委員会全国機関紙	3月（準備号）	深谷秀信, 渡辺一人, 中山一, 生月顕	

サバタ	徒党連合 （浦和）	3月8日（2号） ｜ 3月16日（3号）		
自由連合	自由連合社 （姫路）	3月10日 ⇩ 1973年1月1日 （N-ro 40-44 の追加付録 〈通刊45号〉）	向井孝	通刊45号（40号〈＋5号〉）。 『自由連合〈創刊号・号 外〉』（1969年2月25日）， 『自由連合〈号外〉』（同年4 月20日，10月20日），『自 由連合〈特別号〉ミニコミ 特集』（1972年6月10日）あ り 題字に「Libera Federa- cio」とあり
集団不定形	京都アナキズ ム研究会・集 団不定形 （京都）	3月15日 ⇩ 1972年9月1日	井上未知夫	9号。隔月刊。花園大学 新聞社気付
イントレピ ット四人の 会	イントレピッ ト四人の会	3月 ⇩ 6月		2号。『脱走兵通信』に継 承 〈復刻〉『ベ平連ニュース （合本縮刷版）』ベ平連 1974
アナキスト クラブニュ ース	日本アナキス トクラブ （川崎）	4月1日	編・発・綿引邦農夫	1号 〈復刻〉『緑陰版』8巻
不死鳥	法政大学アナ 研・会内報	4月（特集号）		
麦社通信/ MUGI-In- formation	麦社	5月15日 ⇩ 1970年10月 （10号）		
ステインプル STEINPL	ステインプル 同人（大阪・ 住吉，山口方/ 東京・神田三 崎町）	6月1日 ⇩ 1970年 （5号）	編・滝理/尾関弘	研究のための同人誌。4 号に，『ステインプル通 信』NO. 1（1-4号分）編・滝 理を折り込む。元同志社 大学アナキズム研究会理 論誌
黒旗	アナキスト革 命連合（ARF） 事務局 （大阪・吹田）	7月22日 （6号）	つちおさむ（堤金次気付）	
JUJU	都立科学工業 高等学校ベ平 連	7月27日（7号）	佐藤修三	

朝鮮人―大村収容所を廃止するために	朝鮮人社（京都・左京）	7月⇩1991年5月1日（27号）	編・発・飯沼二郎（1-20号），鶴見俊輔（21-27号）	27号。21号は1983年3月1日刊行
歩くそして考える	長野べ平連	7月（7月号）｜1971年11月（32号）		
脱走兵通信	イントレピッド四人の会	8月2日⇩1971年1月		16号。『イントレピッド四人の会』後継〈復刻〉『べ平連ニュース（合本縮刷版）』べ平連1974
日刊ハンパク	ハンパクしんぶんしゃ（大阪）	8月7日⇩8月11日	向井孝	6号
裸賊	山谷裸賊編集委員会/底辺委員会（東京・山谷）	8月25日｜1972年8月	船本洲治，山一兵	8号詩誌
ダムダム	黒阪社（東京・亀戸）/日本改造社	9月1日⇩1970年（4号）	編・麦次郎	
実行委員会通信	10.4〔アナキズム集会〕実行委員会/名工大本部アナ研	9月15日⇩		
タナトス	斧の会/タナトス社（東京・杉並）	8月か9月⇩1971年7月15日	信太裕	4号。タナトス社理論誌
DENEGO（デネゴ）	デネゴ社（兵庫・高砂）	9月⇩1970年12月1日（6号）	高崎裕士，若狭啓子	
現存（なう）		10月（5号）		
NON	（福岡・宗像）	10月⇩1971年（4号）		福岡教育大学新聞会内

(1969年)

永久革命	自由社会主義者評議会（CSL）	11月10日 ⇩ 1970年10月20日	蓮台寺晋	3号
自由と革命	アナキスト革命連合(ARF)（大阪・茨木）	11月15日 ⇩ 1970年8月1日（3号）		3号から「自立と創造派」の機関紙となる
情報通信〈文書〉	アナキスト革命連合(ARF)事務局	11月22日（1-5号）		
リベルテール	リベルテールの会（東京・武蔵野/大泉学園）	12月1日 ⇩ 1991年4月	三浦精一，萩原晋太郎	195号
ギロチン	ギロチン社，視界社（東京・国分寺）	12月30日 ⇩ 1971年4月10日	久保隆	5号。理論共同誌表紙に「GUILLOTINE」とあり
BAMBINO	加茂兄弟団（兵庫・川西）	この年(30号) ｜ 1970年6月（34号）	延原時行	
PAX通信	SCI関西（大阪・門真）	この年(11号)	竹嶋/尾関弘	
無政府革命派宣言	アナキスト学生協会(ASA)（大阪・茨木）	この年(2号)		ARF編集局気付ASA
理論創造	（東京）	この年(2号) ｜ 1971年	山根由利生，森下紀夫	大鷹力方，現代哲学研究会
Trial News/World Information	OPQR〈公判ニュース編集局〉/東方背叛社（東京・沼袋）	この年 ⇩ 1970年6月（7号）	和田俊一	ALW叛戦(5号)に続く情報紙。背叛社事件・田無事件公判(背叛派)ニュース。6号から「World Information」と改題
九州通信	九州活動者連合準備会機関紙（福岡・中間）	この年 ⇩ 1971年	松本昭文	
叛	名古屋アナキズム研究会	この年 ⇩		会報

無政府革命	ARF編集局 （大阪・茨木）	この年 ⇩	報告者・大林代助	無政府革命講座資料。臨時号あり
表現	（東京／静岡）	この年 ⇩ 1975年4月 30日（53号）	編・奥沢邦成	63号まで確認
無頼	自由社会主義者同盟（大阪）	この年 （1号，2号）		
南部青年戦線調整委員会ニュース	南部青年戦線調整委員会 （東京・中野）	この年 （1号）		
ヤマネコ通信		この年 （1号）		
薔薇通信	『思想の科学』岡山読者の会 （岡山）	この年 （1号）		
漆黒通信	広島県高校アナキズム研究会	この年 （1号）	司俊	
幻想	小学館学生会	この年 （特集号）	真辺致一，奥沢邦成	小学館学生アルバイトの機関誌
黒ねこ通信	信州大学アナキズム研究会	この年（号外） ｜ 1972年3月 （10号）		号外，10号を確認。5号の連絡先は伊那市信州大学アナキズム研究会情報部
革命地下通信	不服従者連合戦線	この年 ⇩		
フェニックス	自由連合主義学生連合立命館大学支部	この年		

1970（昭和45）年

黒色軍団	無政府社会主義者闘争委員会（アナ斗委） （東京・品川）	1月15日 ⇩	発・津田詔一，印・斯波政昭	アナ斗委機関紙
蝶恋花通信	蝶恋花舎 （東京・代沢）	1月（2号） ⇩ 1972年12月	編・岩永文夫，発・竹中労／平岡正明，太田竜	
イオム	広島ベ平連 （広島）	2月（5号）		広島大学わだつみ会気付

（1970年）

弾丸	福岡教育大学アナキズム研究会	2月（4号）		
無政府主義革命	タナトス社	2月（4号）｜（5号）		タナトス社情報紙・斧の会編
ステインプル通信		3月1日	編・滝理	
虫	ベトナム反戦姫路行動（姫路）	3月15日（24号）｜1972年3月15日（41号）	向井孝/小野純一	『ヒメジ反戦ニュース』改題。38号（1971年8月10日）に「再刊1号」とあり。号外「空を！水を！土を！」（1970年）あり
警鐘（サバト）	中大アナキズム研究会『警鐘』編集委員会	4月1日（7号）		
無政府	ギロチン社（東京・国分寺）	4月28日⇩10月21日	久保隆	4号。ギロチン社非政治情報紙。タイトル横に「GUILLOTINE」とあり
ひゅうまん拠点	ひゅうまん連合拠点編集局（大阪・枚方）	4月号｜5月号	松本曜一	
蒼ざめた馬	黒蘭の会/黒穂の会（長野）	5月1日⇩この年（2号）		長野県下のアナキズムに関心を持つ高校生グループ
アナキズム研究会連絡会議（仮称）	法大アナ研	5月5日（通信準備号）		
風信	竹中労事務所・行動ジャーナリズム研究会（東京・中野）・発見の会（東京・目黒）	5月10日（4号）	竹中労，瓜生良介	
鯤（コン）	（大阪・山王）	5月⇩1974年1月1日（5号）	発・竹島昌威知，編・寺島珠雄/向井孝，京陽出美，清水正一，三好弘光	詩誌。5号まで確認
〈題名考案募集中！〉	アナキスト高校生協会（大阪・茨木）	5月⇩6月（2号）	森	

週刊ハタ	(福島・棚倉町)	6月7日 ⇩ 1999年 (106号)	宮沢とり	
自由村落	高自連 (広島)	6月19日 ⇩		高校生による機関紙。連絡先は広島大学内わだつみ会気付
パンドラ	パンドラ・グループ(姫路)	6月25日 (No. 0+α号)		事務所は向井孝方自由連合社内
工害	工害を非難する会	6月26日 ⇩ 1972年11月25日(6号)	福田武寿	6号まで確認
にんげん	しみずべ平連 (静岡・清水)	6月(16号)	井上豊子	
自由と労働	北摂アナキズム研究会 (大阪・茨木)	7月20日 ⇩	森	
乱流	(仙台)	7月21日 (準備号) ⇩ 1971年3月21日(2号・通算3号	太田節/嵯峨潤, 魔淵一夫, 三条史, 英省悟, 呉満	創刊は1970年11月21日
黒色インタナショナル	ギロチン社, 視界社 (東京・国分寺)	7月 ⇩ 1971年1月24日	久保隆	2号。ギロチン社行動機関誌
うむまあ	うむまあ会	7月 ⇩ 1976年12月	梅田智江(個人誌)	13号
詩と現実	断片社編集部 (のち, 詩と現実社)	7月 ⇩ 1974年12月	川上健一/寺島珠雄	6号
闇のなかの黒い牛	(札幌)	9月1日 ⇩	上林俊樹	
無政府	松山無政府主義者同盟, 黒旗社 (愛媛・松山)	9月9日 ⇩ 1971年8月25日(3号)	紅蓮玉	
Socialism Communautē	自由連合社 (姫路)	9月20日(3号)	尾関弘	

黒色解放戦線―文芸部再起記念号		10月5日		1号
連帯の旗	アナキスト連合評議会（関西）準備会	11月13日 ⇩ 1971年（5号）	北見	5号まで確認
黒色解放戦線	黒色解放戦線	11月19日（5号）	発・鶴内敏之	反戦高校生共闘会議・黒色解放戦線機関紙，戦闘的無政府主義者連合・黒色解放戦線機関紙
PAX通信	SCI関西（大阪・都島）	11月19日（3号）｜1971年	米沢登美枝	
ヘイタイススムナ	自衛隊・市民反戦共闘（京都・宇治）	11月22日（4号）｜1971年4月21日（6号）	北川一	
神もなく主人もなく	タナトス社（東京・杉並）	12月1日 ⇩ 1971年10月1日	編・発・信太裕	4号。タナトス社情報紙
叛逆	革命的無政府主義者連合・黒色解放戦線（宮崎）	12月9日（8号）｜12月31日（9号）	鶴内敏之	
監の中（ORI NO NAKA）	朝鮮籍への書きかえを支持する会（金沢）	12月11日（0号）		金沢反戦市民社と同じ私書箱（金沢南郵便局）
狙撃者	黒翔社（名古屋）	12月17日 ⇩	矢口健	
蘇生	文化叛戦・るねっさんす／『蘇生（るねっさんす）』編集局（東京・練馬）	12月27日 ⇩ 1974年4月20日（14号）	大友映男，小守克彦	地下通信『不死鳥』2号を71-72年頃発行。日大文理
共同体社会主義	共同体社会主義研究会（大阪）	12月31日 ⇩ 1971年2月11日（6号）	尾関弘	Socialism Communauté／自由連合大阪気付
状況と展望	ARF編集局（大阪）	この年（9号）	鈴木孝，千坂恭二，伊東章好	

ありんこ	松江べ平連	この年(4号)		
ゆぅとぴあ への道	(奈良・室生村)	この年(2号) ｜ 1972年4月 (特別号)	山本松男	10号まで確認
無名通信	無名通信社 (福岡)	この年(2号) ｜ 1981年(53号)	河野信子(個人誌)	
研究会通信 /通信	神戸アナーキ ズム研究会 (神戸)	この年 ⇩ 6月(5号)	高島洋/羽田一夫	1970年2月頃『レジュメ』 を発行
闇一族	早稲田大学出 版事業研究会 (新宿・戸塚町)	この年 ⇩ 1972年5月 (3号)	編集・闇一族社〈東京・池袋〉あ かおのぶお，大沢邦彦，倉垣 光孝，池田暁雄	
非暴力つう しん	非暴力反戦行 動 (東京・荻窪)	この年 ｜ 1971年	金井佳子	
金沢反戦市 民	金沢反戦市民 社　　(金沢)	この年 ｜ 1978年2月 25日(47号)	井沢幸治	金沢べ平連のなかのミニ コミ
辺境	辺境の会 (京都・伏見)	この年(1号) ⇩ 1970年(2号)	原和正	
イントレラ ンスだ解放 せよ！	アナキスト学 生協会(ASA)	この年		
パンフ	NPR研究会	この年?		
救援ニュー ス	関西アナキス ト救援委員会 (大阪・茨木)	この年(1号)	森/千里哲	2号まで確認。1969年10 月2日大阪芸大封鎖闘争 逮捕者救援
自由戦士	北摂アナキズ ト研究会 (大阪・茨木)	この年 ⇩	森	2号まで確認
犯路	(東京・新宿)	この年 ⇩	佐々木武美	
土着文明	土着文明研究 会 (香川・琴平)	この年 ⇩ 1971年3月 15日(3号)	すぎたけし	0号(1970年刊)，1970年7 月15日号外，ほか『号外レ ポート』『号外EROS』あ り。2号は土着文明研究 会東京本部機関紙。自由 連合社気付(姫路)

（1970年）

うみつばめ	電通大うみつばめサークル	この年	信太裕，松本薫，軽部哲雄		号数なし
AHAパンフ	アナキスト高校生協会（AHA）関西（大阪・茨木）	この年（1号）			1号。ARF編集局気付AHA関西
ペスト	横浜自由連合	この年？	田中秀行		副題「闇夜のカラス」。横浜自由連合内部討論誌
ニュー・エコー	（神戸）	この年	編・平山忠敬，平山房子/前田幸長		英文
〇月〇日号外黒色青年	（岡山）	この年			
黒色解放戦線	（宮崎）	この年⇩	鶴田敏之		
黒党	黒党社	この年⇩	千坂恭二		麦社気付
中学生	全国闘う中学生連帯（埼玉・浦和）	この年（0号）	小林		全国闘う中学生連帯機関誌
金工大自連	金沢工業大学絶対自由主義者連合	この年⇩			
神戸アナキズム研究会ニュース	神戸アナキズム研究会	この年（2号）	高島洋		
KOBE ANARCHISM 研究会紀要	神戸アナキズム研究会	この年（2号）	高島洋		

1971年（昭和46）年

遊撃	詩のべ平連/さかさのイシ（東京・小金井）	1月1日⇩2020年4月25日（498号）	長谷川修児		
乱（RAN）	麦社（東京・南池袋）	1月20日⇩1972年5月20日			10号。活版。麦社通信
拠点	（八尾・神戸）	1月24日⇩12月4日（7号）	山本信吾，山根孝子		

飯と自由	国立アナキズム研究，飯と自由の会	1月24日 ⇩		
きょうあらへん	京都アナキスト連合/ジ・アナーキーズ（京都）	1月（3号） ｜ 1972年5月	羽熊直行	
垢	（京都）	1月 ⇩ 1972年3月28日（6号）	北邦彦（個人通信）	
東京自由連合	東京自由連合社（東京・北大塚）	1月 ⇩ 4月（3号）	上村滋	上村滋らが編集した「高二C（創刊号）」（1966年12月7日）がある
異端者/DISTURB-ANCE	広島古典思想研究会（広島・呉）	2月10日（2号）	梶川一郎	2号分確認
自由の使徒	宇都宮大学アナキズム研究会会報（宇都宮）	2月10日 ⇩ 1972年2月7日（3号）	北條景樹	年6回刊
Libera Federo〔エスペラント版『自由連合』〕	（姫路）	2月11日 ⇩ 1975年2月12日	手塚登士雄，向井孝	4号。全文エスペラント
蝶恋花通信公判ニュース	蝶恋花舎（東京・代沢）	2月15日 ⇩	竹中労	竹中労事務所
THE NEW ECHO	（神戸）	2月20日（2号）	Tadataka Hirayama〔平山忠敬〕	英文
自由連合社内報〔自連社内報〕	自由連合社（姫路）	3月20日 ⇩ 8月10日号	杉原哲生＆誓	3号分は確認
ジャテック通信	ジャテックセンター（東京・神楽坂）	3月（0号） ⇩ 1973年3月		全8号。『脱走兵通信』の後継〈復刻〉『ベ平連ニュース（合本縮刷版）』ベ平連1974
自由市民ひめじ/自由市民	ベトナム反戦姫路行動/自由市民社（姫路）	3月 ⇩ 1972年10月15日（9号）	向井孝	2号より『自由市民』に改題

九六戦線	AHA・九六戦線編集局／アナキスト高校生協会(枚方)	4月1日 ⇩	表口静夫／宮本, 泉	
グループ黒と赤	グループ黒と赤　(大阪)	4月9日 ⇩	汐崎一也	自由連合大阪気付。印刷は岡山市にて。表紙に「Utopian Federation」とあり
ばおばぶ	CIRA-NIP-PON (静岡・富士宮)	4月10日 ⇩ 1972年1月	龍武一郎	5号。日本アナキズム研究センター通信。『文献センター通信』(1972年7月)に継承
アナキズム研究	名古屋アナキズム研究会 (名古屋)	4月13日(2号)	藤木	週刊会報
叛・叛・叛…	名アナ研臨時会報	4月24日		
ノワール	乱調社 (東京・大島)	4月25日 ⇩	戸駒恒世／岩永文夫	1号確認。『亀戸から』に継承
コミューン往来	月刊キブツ関西読者会 (尼崎)	5月8日(4号) ｜ 1972年(13号)	今井	
飯と自由	飯と自由社, 横国大アナキズム研究会	5月(3号)		不定期刊
コスモス 4次	コスモス社 (東京・中野)	5月 ⇩ 1989年10月31日(62号)		62号(通巻101号)
無政府主義	無政府共産主義者同盟 (ACL) (東京・世田谷)	6月10日 (準備号)	寺崎温司, 根来倉生	無政府共産主義者同盟全国委員会理論誌。事務局・ナロード社
黒い狼	黒狼社／黒い狼社　(長野)	6月15日(3号)	安部悟	4号(知らぬ存ぜぬ号)も確認。表紙に「BLACK WOLF」とあり
ニュース	発見の会姫路上演委員会 (姫路)	6月20日(3号)	編・向井孝, 発・月まちる	3号。連絡先は, 伊伝居東海方
自由社会	自由社会研究会 (大阪・住吉)	6月20日 ⇩	村野一平, 野口正彦	創刊準備号あり。住吉川教会気付

黒蛇	ネビース社 （東京・世田谷）	7月20日 ⇩ 1971年12月 15日（2号）	藤原輝紀	2号まで確認。ネビース社機関紙
夏の陣しんぶん		8月7日 （3号・大阪版） ｜ 8月11日（5号）	志賀しずこ	
私信ほっこまい	（香川・琴平）	9月3日（号外・通算5号） ｜ 10月30日 （6号）	すぎたけし	個人通信
PEACE	あいづ無政府主義研究会連帯紙・アナキスト連合東北地区協議会叛國社　（東京・杉並井草）	9月30日 ⇩	瓜生典子／瓜生祐喜（百姓一揆），新明文明	
黒閃	大阪ノンセクト連合・大阪アナキズム研究会，京都無党派行動戦線／G社 （大阪西区）	10月23日 ⇩ 11月5日（2号）		G社内報。号前1号（1971年8月1日）
労働運動	富士地区一般産業合同労働組合　（富士）	11月11日 ⇩ 1984年7月 （77号）	編・印・発・福田武寿（組合長）	
走れモンスーンニュース	AJADO（東京・新宿），姫路仮連絡所	この年 ⇩	向井孝	11月28日姫路に来るバスシアターの宣伝ニュース
鬼太郎日記抄	（大阪高殿町）	11月18日 ⇩ 12月19日 （3号）	尾関弘	しばらくのち，4号（10月30日），5号（11月8日）を確認
やけぼっくい	（姫路／大阪）	11月19日 （23号） ｜ 1972年10月 15日（57号）	黒川遥（杉原哲生）（個人紙）	57号。58号より『杉原哲生（痴刊ST』（1973年）に改題

（1971年）

ですたんす	（京都）	11月 ⇩	中島一平	立命館大学，京都芸術大学のアナ研メンバーを含む
社会革命運動	社会革命戦線（SRF） （大阪・都島/東淀川）	12月1日 （準備号・1号） ⇩ 1973年（5号）	編・鈴木孝	連絡先は社会教育研究会（大阪東阪郵便局私書箱）
Saluton!共同部屋ニュース	（大阪・東住吉）	12月7日 ⇩ 1972年5月 （3号）	向井孝	副題La cambro nevidebla komuna（見えない共同の部屋） 連絡先・向井孝（姫路）
亀戸から（かめ井戸から）	乱調社 （東京・大島）	12月 ⇩ 1972年6月 20日（5号）	編・発・戸駒恒世（米津誠）	『ノワール』改題
交流	交流会 （兵庫・滝野町）	この年 （122号）	林/井村恒平，山田潤，東野守	
べ平連岡山	（岡山）	この年（29号）	好並隆司	
まれびと	（東京・千石）	この年（22号） ｜ 1972年（26号）	中井二郎	
APORIA/あぽりあ	（松江）	この年（11号） ｜ 1979年4月 15日（65号）	古瀬義夫（個人通信）	
くそったれ	（東京・雑司ヶ谷）	この年（9号） ｜ 1974年（31号）	中原里美	
HOB通信	東大阪べ平連 （東大阪）	この年（7号） ｜ 1973年11月 （11号）	土屋，和田喜太郎	11号。以降は，和田喜太郎個人雑誌『雑兵通信』に吸収
漆黒の馬	漆黒の馬通信社　（名古屋）	この年（6号）		
ジ・アザー	（京都）	この年（6号）	奥野卓司	
はく	大田べ平連	この年（5号）	菅輝生	
CAMATADES	COMPANY ANGURA （横浜）	この年（4号）	藤田次郎	
不夜城	協同病院反戦 （岡山・倉敷）	この年（3号）		
CORE	CORE編集室 （東京・荒木町）	この年（3号）	佐藤	

長征	川崎べ平連連絡会，徒人社（川崎）	この年(3号)｜1976年12月10日	西川光治，長谷川武，佐藤雅久	25号。機関紙
反入管なごや	反入管名古屋連絡会議（愛知・刈谷）	この年(2号)｜1971年(4号)	梶井准	
不倫(immorality)	不倫の会（札幌）	この年(2号)｜1971年10月29日(4½臨時特別号)	岩月三枝子	高校生による編集・発行。『アナルヒア』に継承
政治経済情報	日本公論社（東京・狛江）	この年｜1977年(9・10月号)	若杉浪雄	
労働者通信	東人社/労働者通信編集局（東京・大田）	この年｜1972年(13号)	嵯峨浩	
「人間」別冊	甲府文学界「人間」別冊編集部（甲府）	この年⇩	長船青治	
地声	松江地区入管体制粉砕実行委員会(松江)	この年⇩		0号あり(1970年，松江地区入管体制粉砕実行委員会準備会刊)
ヴ・ナロード	（岩手・一関）	この年⇩	小野寺雄悦	
いちじく	栄光教会青年部（北海道・千歳）	この年⇩	たむら	
りりと	（京都）	この年⇩	江守萌	
自然村(ユートピア)は私都川(きさいち)を遡る	手労働鳥取州産（鳥取）	この年⇩	岩井康子	『きさいち通信』1号
MAGAZINE-3A	グループ3A（東京・青戸）	この年⇩	新藤厚	
アワジャーナル	高輪高校社会科学研究会（東京）	この年⇩		

（1971年）

揚魂通信	宇宙ゲリラ戦線司令部 （福岡）	この年 ⇩	和田満	
イカルス	お茶の水地区アナ研，イカルス社，日本アナキスト連合（東京・飯田橋）	この年? （特別4号）	臼田	
軌（わだち）	（富山）	この年	玉川信明	
酪農パルチ	（京都）	この年	北邦彦	
硝煙	黒い血（千葉）	この年		不定期刊
新しい集団	月刊キブツ関西読者の会（大阪）	この年	今井みさ	自由連合大阪気付
しゃろーむ	キブツ懇話会（大分・日田）	この年	近江	
週刊アンポこうべ	こうベアンポ社（神戸）	この年 ｜ 1973年11月 （96号）		神戸大学学生会館内
やみこみとケ意	（秋田・本荘）	この年	柳田庄一	
ヤスクニ通信	ヤスクニ通信社（東京・板橋）	この年	岩切	
ロバの耳	（八王子）	この年		
ガンバレ自衛隊	ベトナム反戦姫路行動（兵庫・姫路）	この年	向井孝	
黒薊（くろあざみ）通信	日本大学法学部黒色行動戦線	この年?		

1972（昭和47）年

労働運動	東京地区産業労働者一般合同労働組合 I. W. T.	1月1日 （準備号）	蓮台寺晋	
飛翔	（名古屋）	1月29日（3号）	石黒茂樹	個人通信
国際世界通信	東方背叛社（東京・目黒）	1月（8号）	和田俊一	「World Information」後継

樹懶	集団「樹懶」（大阪・西区）	2月1日（1号）	北原順/小三木報淑，深山額	新阿波堀ビル4階G社気付
Libera Federo にほんごばん（エスペラント語版『自連』）	（東京・東大泉）	3月21日（1号）	手塚登士雄	1号。『Libera Federo』（1971年）の特別号
カラス/からす	鴉出版会（宇都宮）/（東京・江戸川）	4月14日号｜1976年10月9日（18号）	八嶋潤	連絡先，宇都宮大学農耕文化研究会。同人誌
血乱死 1次	人間社（大阪・阿倍野）	4月17日⇩11月11日	高橋正義	5号
青洞記	（岡山）	4月18日（自連特別号）	長船青治	12号まで確認
破鎖（ファシェン）	（大阪）	4月20日（11号）	原正人，神谷浩平	
自由連合社内報	自連社内報社（大阪）	4月25日｜8月10日	下条かおる	2号分確認。自連大阪内（旭区高殿郵便局留）
終り・はじまる	（京都）	5月16日（『自連』ミニコミ特集号）	磯田隆士	
ヤジ馬/やじ馬	（大阪・苅田町）	5月23日⇩1976年12月1日（やじ馬・2号）	久保利明	個人紙『変身』を改題。のち『やじ馬改め』×，さらに個人誌『夢性譜』を創刊
パランカ/パランカ（てこ）	パランカ社/頭脳戦線社（秋田）	5月30日⇩1975年2月（159号）	草階俊雄	『リベルテ』と『空間』が合流。8，9号のタイトルは『パランカ（てこ）』。9号の次が158号。160号から『頭脳戦線』と改題
黒炎	黒炎社（大阪・枚方）	6月23日⇩	宮本孝	黒炎社試論共働紙
文献センター通信	アナキズム文献センター/日本アナキズム研究センター（静岡・富士宮）	7月1日（6号）⇩1973年9月1日（9号）	羽熊直行，中村隆司	4号。『ばおばぶ』改題。『月刊リベーロ』（1973年10月1日）に継承

（1972年）

Verda Ombro（緑陰）	（東京・東大泉）	7月14日（1号）	手塚登士雄（個人誌）	
やけぽっくい 発狂号	（大阪）	7月20日（その1）	杉原哲生	
梵（ブラフマン）	無明舎（福岡）	7月25日⇩	編・梵編集会，発・九條惟人	アナルシズム理論誌
Tell Me Dole（てるみどおる）	自由連合大阪	8月7日	杉原哲生（個人通信）	『やけぽっくい』休刊中に発行
薄命		この年夏（10号）	圓瀬英明	個人雑誌
R	麦社	9月1日		1号。麦社通信『乱』改題
ぱんざ	パンザ同盟（大阪）	9月1日⇩10月1日（2号）	吉川建一	自由連合大阪気付
やさしい爆弾	詩の戦線 POEMA FRONT（大阪・東住吉）	9月3日⇩1973年6月26日（8号）	コバヤシトモミ（小林友三）／内藤浩司，中山律	
草の根通信	公害を考える千人実行委員会（大分・中津）／環境権訴訟をすすめる会（同）／草の根の会（同）	9月15日⇩2004年7月	発・松下竜一	380号〈復刻〉『草の根通信』すいれん舎2006-2008
暗闇	考古学集団暗闇	9月19日⇩1973年1月（3号）	岳石太平	70部，100部限定。「叛逆」（全9号）の後継
長野共同新聞	長野共同新聞社（長野）	10月20日（準備号）⇩1980年（2期33号）	編・富田八郎，発・笠原邦樹，信濃次郎	1972年11月20日創刊
杉原哲生in Tokyo		10月26日号⇩1972年10月31日	杉原哲生（個人紙）	2号
マハト	（大阪・旭区）	11月28日⇩	生己	個人紙
純正アナキスト通信	早稲田大学	11月⇩		

黒軍	淫獣社	11月	純悪無政府主義者の機関紙	無定期刊。「一年間の沈黙をやぶり再び登場」とあり
無政府	広島アナキズム研究会	12月31日号		
毒林檎通信	多摩美術大学	12月 ⇩		
備北だより	備北百人委員会　　（大阪）	この年(6号) ｜ 1973年(15号)		
でいらぽん通信	（東京・青ヶ島）	この年(2号) ｜ 1973年(16号)	菅田正昭	
Libertaire（りべるてえる）	Libertaire編集委員会　（神戸・甲南大学）	この年(2号) ｜ 1973年1月1日		反権力・反国家・超党派・絶対自由・反帝・反プロ独。月刊。連絡先・欧州研
Bela Bona通信(ベラ・ボーナ通信/べらぼうな通信)	ベラボーナ・グルーポ（東京・江東）	この年(0号?) ⇩ 1974年8月24日(6号)	米津，向井孝，戸駒恒世	石川三四郎文庫関連
地底通信	関東地区底辺委員会連合/「地底通信」編集委員会（山谷）	この年 ⇩ 1973年6月1日(5号)	中山幸雄，黒川芳正，実方藤男	5号
生活者	（横浜・寿町）	5月5日 ⇩ 2002年11月20日	野本三吉〔加藤彰彦〕(個人誌)	161号。〈復刻〉『個人誌生活者』社会評論社1976，『個人誌・生活者―横浜・寿地区からの通信(増補改訂版)』社会評論社1979，『野本三吉個人誌生活者　1972-2002』社会評論社2003
方法的アナキズム研究会/関係の変革	方法的アナキズム研究会（福岡・飯塚）	この年 ｜ 1974年1月20日号	安田	1975年頃，党形成の作業に向けて「方法の会」へ発展的に解体
低人通信1次	（大阪・西成）	この年 ⇩ 1974年4月23日(7号)	寺島珠雄	
アナルヒア	（札幌）	この年 ⇩	川端	3号まで確認。情報誌。『不倫』の後継誌

(1972年)

表象	（茅ヶ崎）	この年 ⇩	相田博	小田切方
おやまああらまあ		この年	下条かおる	
なにわの夢	自由連合大阪読者会	この年 ⇩	黒川遥	自由連合大阪読者会・気まぐれ通信

1973（昭和48）年

奔流	〈奔流〉編集委員会（東京・池袋）	1月20日 ⇩ 2月17日（2号）		社会革命派活動家通信。麦社気付
杉原哲生（痴刊ST）	（大阪）	1月20日（1号・通巻58号）5月1日（61号）	杉原哲生（個人紙）	『やけぼっくい』改題。73年7月2日に号外あり
りべらもんど	りべらもんど社　（大阪）	2月10日 ⇩ 5月10日（5号）		情報紙。大阪市旭区高殿郵便局留
ながれ	KKシライ・ランチョ（東京）	2月号 ⇩ 1980年7月号	白井新平（個人誌）	23号。文京区後楽のシライビル内 合本あり（1986年刊。ただし全14冊〈1, 2, 4, 6, 8, 10, 13, 15, 17-19, 21-23〉）
TAKADO-NO朝日楼ニュース	（大阪）	3月1日（2号）｜7月7日	スギハラテツヲ，タカドノサチコ	4号 満洋荘6号久保利明気付
イオム	イオムの会（神戸）	3月 ⇩ 1976年5月30日	前田幸長	11号。アナキズム・文学と思想
SEMAJNA	（大阪・東住吉）	4月22日（1号）	コバヤシトモミ	個人週刊誌
SR		4月28日 ⇩		表紙に「革命的サンジカリズムの復権を！」とあり
反民懇ニュース／はんみんこんニュース	反戦市民運動懇談会（東大阪）	4月 ⇩ 1977年6月20日（41号）	和田喜太郎／久保利明，向井孝，伊藤敏，篠田修	
らじかる	イデア出版（東京・東大久保）	5月1日 ⇩ 1974年2月1日（10号）	編・西塔昌弘／櫻井博，発・はしもとよしはる	10号

地底通信	底辺委員会 （山谷）	5月6日号	実方藤男	
黒光	京都アナキズム研究会，黒光社　（京都）	5月15日 ⇩ 1974年3月1日	厚見民恭	10号。1973年10月21日号外1, 12月6日号外2, 1974年2月10日号外5を確認
不定期便	（東京・小金井/春日）	5月26日 ⇩ 1975年1月1日	ひろせしんじ，ひらのみえこ	12号
ひとかぶ	ベトナム反戦姫路行動，三菱重工反戦株主姫路グループ　（姫路）	6月 ⇩	向井孝	反戦一株株主ニュース
原生	無政府主義研究会（名古屋）	7月1日 ⇩	伊東章好	戦闘的シュルリアリズム誌
ある・みいあ・あまあと	（大阪・阿倍野区）	8月19日 （2号）	長谷川晴子	旭町2丁目日光ハウス内
RADICAL	IDEA Publishing House	8月? ⇩ 1975年5月 （6号）		6号。『らじかる』英語版。隔月刊
月刊リベーロ	日本アナキズム研究センター（富士宮）/リベーロ社（京都）	10月1日 （10号） ⇩ 1977年7月15日（45号）	編・発・羽熊直行	36号。『文献センター通信』改題。23号（1974年11月）から日本アナキズム研究センターの通信から独立。42号（1976年9月15日）より「関西地区の情報紙」から再び「研究センター通信」となる。東京編集の月刊情報紙「リベーロ」（1978年5月1日）に号数継承
ザコ通信/ザコ・ニュース	WRI　（姫路）	9月25日（2号） ｜ 1977年12月 （44号）	原子東梧（個人紙）	表紙に「PACEM IN TERRIS」とあり
Padma れんげ通信	（京都・宇治）	10月10日 ⇩ 1974年9月31日（5号）	大江音人（北村信隆）	

(1973年)

風見鶏通信	三文評論 （長野）	10月15日 （228号） ⇩ 12月25日 （234号）	東天紅	「さんもんひょうろん（週刊三文評論）」318号中断ののち，改題して発行
リベーロー73年・夏のセミナー報告集		10月	奥沢邦成	『月刊リベーロ』臨時増刊号。『リベーロ』2号（1974年3月）を経て3号より『アナキズム』と改題
JUJU	JUJU工房 （東久留米）	10月（あ号） ⇩ 1974年9月20日 （さ号=11号）	佐藤修三（北川流一）	復刊
汎世界運動	浪民社／上毛野郷共同体ろうみん社 （群馬・前橋）	11月15日 ⇩ 1975年3月24日（7号）	主幹・朝倉竜	表紙に「PAN MONDO MOVADO」とあり
(秘)風見鶏通信	三文評論 （長野）	11月16日 （231号附録） ｜ 12月25日 （234号附録）	東天紅	『風見鶏通信』の「内部通信」。コピー版
富士地区合同労組	富士地区一般産業合同労働組合 （静岡・富士）	11月25日 （20年2号） ｜ 1976年12月 （23年6号）	編・印・発・福田武寿（組合長）	
街	（東大阪）	11月27日 （2号）	山田アキラ	3号から『1＋1（いちたすいち）』に改題
東京地区黒色救援会ニュース	東京地区黒色救援会	11月？	西塔昌弘	清水修一救援会
○○だより	東京地区黒色救援会 （東京・中野）	12月1日 ⇩	西塔昌弘	1号。東京地区黒色救援会ニュース。清水修一君救対。2号から『黒色救援』に改題
無政府主義研究	季刊『無政府主義研究』編集委員会／玄曜社，北冬書房，JCA出版	12月15日 ⇩ 1977年12月15日	根来弘，久保隆，山泉進	8号。後発誌に『天皇制研究』（1980年）

日本無政府主義文芸	リベルテールの会文芸班（東京・天沼）	12月18日⇩1974年2月15日（2号）	吉葉雅俊，西塔昌弘	
ふぁっく	竜谷大学無政府主義研究会	この年（93号）｜12月（101号）		竜谷大学9号館Box
連帯	全山梨文化人会議／連帯新聞社（甲府）	この年（40号）｜1976年4月15日	遠藤斌，塚田芳三	月刊紙。1976年4月15日号は「金子文子建碑特集号」
共同体直販ニュース	弥栄之郷共同体（鳥取・弥栄）	この年（4号）		
週刊やさか	弥栄之郷共同体（鳥取・弥栄）	この年（3号）		
×	（大阪・旭町）	この年（3号）	久保利明	『ヤジ馬』改題
叛逆	宮城教育大学アナキズム研究会	この年（3号）		
がまの穂	弥栄之郷共同体（鳥取・弥栄）	この年（2号）		
備北情報／通信	備北百人委員会（大阪）	この年⇩この年（3号）	尾関弘，山本松男	1974年1月15日に号外（内部版）あり
叛国社通信	無政府主義者全国連合東北地区協議会叛国社（福島・喜多方）	この年	瓜生祐喜（会津アナキスト連合高校戦線）	臨時創刊無政府主義者救援紙。連絡先は新明文吉方
鎌	鎌二人委員会，農村問題研究会（福島・喜多方）	この年⇩1974年（2号）	瓜生祐喜	
現代無政府主義運動		この年⇩1974年2月（2号）	北柴隆一	
黒色戦線	志向社（大阪・釣鐘町／京都）	この年⇩1974年1月（2号）	ながすひろまさ	連絡先は黒光社

(1973年)

日が沈むの はイヤだ 〈獄中通信〉	竜大阻止共闘 救対部	この年 ⇩ 6月26日(3号)			
備北より 通りゃんせ		この年 ⇩			
野中の一軒 家	グループもぐ ら （東京・多摩）	この年? ⇩ 1974年4月? (15号)			16号。共同体運動誌
煉獄通信	東方・黒犯社 （東京・日本橋）	この年 (別冊1)	妹尾和郎		「1971.10.3麻布学園突入 闘争最終意見陳述 東京 地区黒色評議会・岩佐光」

1974（昭和49）年

1＋1（いち たすいち）	（東大阪）	1月4日(3号) ⇩ 2月1日(4号)	山田アキラ		『街』改題
流民	根拠地建設準 備会 "流民" （東京・中野）	2月4日 ⇩	折内和喜		
黒色救援	東京地区黒色 救援会 （東京・中野）	2月15日(2号)	西塔昌弘		『○○だより』改題
腹腹時計	東アジア反日 武装戦線"狼" 情報部情宣 局/KQ通信 社	3月1日 ⇩ 1980年4月 19日	東アジア反日武装戦線"狼" 兵士読本編纂委員会/東アジ ア反日武装戦線KF部隊(準)		3号＋特別号2(全5号)
だらしねの 旗/だらし ねのはた	だらしね舎 （大阪）	3月1日(0号)	10月1日(1号)	杉原哲生，久保利明	0，0の2，1号を確認
リベーロ		3月(2号)	奥沢邦成		『月刊リベーロ』臨時増刊 号（『リベーロ—73年・夏 のセミナー報告集』1973 年10月）の後継。3号より 『アナキズム』と改題
人間改造	金剛石社 （名古屋・新栄 町）	4月25日 (1001号) ⇩ 1980年 (1046号)	社主・松井不朽，主幹・高橋敷		『金剛石』改題

黒旗の下に	『黒旗の下に』発行所（東京・文京）	5月1日 ⇩ 1979年7月22日（11号）		事務所は啓衆ビル内。号外（1981年5月24日）あり
血乱死 2次	人間社（東京・上石神井）	5月（6号） ⇩ 1974年9月（8号）	高橋正義	3号
アナキズム 1次	アナキズム編集委員会（東京・本郷）/日本アナキズム研究センター（静岡・富士宮）	5月（3号） ⇩ 1981年5月10日（21号・第一次終刊号）	宮坂英一/奥沢邦成	19号（通巻21号）。『月刊リベーロ』臨時増刊号（『リベーロ―73年・夏のセミナー報告集』1973年10月），『リベーロ』2号（1974年3月）の後継，改題。編集部は東京・本郷，現代思想社内越境の会
月報『岩佐作太郎遺稿集刊行会』		6月 ⇩ 8月（3号）		3号。4号から『人道貫古今』に改題
非暴力直接行動	WRI-JA-PAN，戦争抵抗者インター日本部（姫路・大阪旭町）	8月1日 ⇩ 1994年2月10日	向井孝	192号（なお11〈1976年3月10日〉-100号〈1980年〉は『WRI Japan News Letter』（11-18号），『WRI News Letter』と改題）
白夜通信	白夜通信社（東京）	8月1日 ⇩		一橋大学生による研究紙
Sori（소리）	（東京・代田）	8月26日 ⇩ 9月25日（3号）	上村滋	
クバール通信	クバール・グループ（神戸・灘区）	9月10日（0号）	戸田	1号
大道貫古今	岩佐作太郎遺稿集刊行会（東京）	9月15日（4号） ⇩ 1981年		『月報「岩佐作太郎遺稿集刊行会」』改題。13号（1979年3月21日）まで確認
日本無政府主義者連盟準備会ニュース	日本無政府主義者連盟準備会（京都）	9月 ⇩ 10月（3号）	奥田恭司	
無政府主義者連盟関東地区準備会ニュース	（日本）無政府主義者連盟関東地区準備会（東京・高円寺）	10月28日 ⇩ 1975年3月（2号）	田代学，中島博幸，松本勲	準備会通信臨時号（1975年11月14日）あり

（1974年）

非暴力	非暴力行動準備会 （千葉・市川）	10月（3号）	古沢宣慶	
ぐずらの手紙/ぐずら・だより/ふていきびん	（東京・春日/神奈川・藤沢）	11月10日 ⇩ 2005年4月15日（166号）	ひろせしんじ	4号から『ぐずら・だより』、13号から『ふていきびん』
あさひまちWRI	（大阪・旭町）	11月 ⇩ 1976年3月（5号）	水田ふう（個人通信）	
血乱死3次	人間社（東京・上石神井）	12月1日（9号・第3次準備号） ⇩ 1975年（14号）	高橋正義	号外（1975年4月2日）あり
横倉〔辰次〕氏を囲む会ニュース		12月1日		
労務者渡世	労務者渡世編集委員会 （大阪）	12月8日 ⇩ 1985年5月1日	寺島珠雄	38号
コミュン・ヒロバ/コミューンヒロバ	コミュン百人委員会/コミューン百人委員会 （大阪・玉津）	この年（16号） ｜ 1978年2月2日（30号）		弥栄之郷共同体救援
LSD	（東京）	この年（4号）		北多摩の高校生有志による
鎌二人委員会	農村問題研究会 （福島・喜多方）	この年（4号）	瓜生祐喜	不定期連帯紙
フリーダム		この年（2号）		アナルコ・サンジカリストの機関紙
アンタレス		この年 ⇩	遠矢徹彦	
叛徒		この年 ⇩	団野宙夫，酒井徹平，麻生圭	
越境	越境の会 （東京・本郷）	この年 ⇩	宮坂英一，小池良次，奥沢邦成，上杉剛	現代思想社気付

1975（昭和50）年

紙誌名	発行所	期間	編集・発行者	備考
くさ（草）	（神奈川・厚木/東京・世田谷）	1月1日 ⇩ 1999年 （118号）	しのだもりの（個人通信）	
無政府共産主義	世界通信社 （福岡・博多）	1月11号		
libero international〔リベーロ国際版〕	cira-nippon国際通信部（神戸/大阪・摂津）	1月 ⇩ 1980年3月	中久保邦夫	6号。英文『リベーロ』0号は，1974年9月刊（リベーロ・インターナショナル，神戸）
Neperiodajo〔不定期便〕	（東京・春日/小金井/横浜）	1月 ⇩ 1989年1月	広瀬慎二（エスペラント版個人誌）	17号
解氷期	グループ解氷期（大阪・東住吉区）	1月 ⇩ 1985年3月20日	編・栗田茂，発・川島知世/寺島珠雄	18号
ほのお　炎	東京地区月例交流会機関紙	2月3日	編/発・Y〔吉葉雅俊〕	
ひとりの歌	（東京・杉並）	2月10日 ⇩	吉葉雅俊	不定期刊。短歌と俳句
関西地方準備会ニュース/無政府主義者連盟関西地方準備会ニュース	無政府主義者連盟関西地方準備会（京都）	2月15日 ⇩ 1976年7月20日（12号）	奥田恭司	
海燕通信/海燕	海燕書房（東京）	2月（5号）｜10月（7号）		7号は，『海燕』と改題
方方（katakata）	方方の会	2月（4号） ⇩ 2011年2月25日（50号・再刊25号）	内田麟太郎，阿部圭司，黒川洋，八代信	
フリイ（FRI）号ニュース/FRI NEWS	〔核反対船〕フリイ号連帯行動実行委員会（東京・蒲田/大阪・旭町）	2月 ⇩ 9月	向井孝・水田ふう	14号。事務所は，エンリコビル内。14号他は英文版もあり。その後1975年12月15日（16号）を確認

（1975年）

山梔子（くちなし）通信	（東京・豊島）	3月1日（10号） ｜ 3月（11号）	高野隆	
神戸共同文庫会報/こんみゅん	神戸共同文庫 （神戸・葺合区）	3月 ⇩ 1976年1月10日（5号）		
通信	無政府主義者連盟関東地区準備会事務通信	4月14日（8号）	増本	
唯我郷だより・何か		4月15日 ⇩		
通信	無政府主義者連盟関東地区準備会 （東京・高円寺）	4月（8号）	中島博幸	
黒樹	解放思潮研究会 （東京・小平）	4月	永田	一橋寮気付
個人通信	杉並地区本天沼地区一人委員会	5月15日	吉葉雅俊	
個人通信	無政府主義研究者同盟	5月16日	吉葉雅俊	
無政府主義者連盟結成準備会通信	無政府主義者連盟東海地方準備会 （名古屋）	6月1日 ⇩ 1977年3月（3号）	伊東章好	
頭脳戦線	頭脳戦線社/VIVO社 （秋田）	6月15日（160号） ⇩ 1976年7月 （7月号・第24年6集168号）	草階俊雄	『パランカ』継承。名称変更した「処女地帯」「頭脳戦線」合同の，「処女地帯頭脳戦線」1976年2月・3月号あり
ナルド	（東京・立川）	6月20日 ⇩	西田秀夫	
黒戦通信	黒色戦線社 （群馬・伊勢崎）	6月29日 ⇩	大島英三郎	

遺言	黒痴社 (熊本・荒尾)	7月21日 ⇩ 1983年1月1日	編・中島康允，畠田真一/柏木隆法，因藤荘一郎	69号(通巻102号)，70-84号(岐阜版)，85号(練馬版)，86-102号(巣鴨版)，号外1(1982.2.20)，号外2(1982.7.21)あり/反天皇誌 なお69号の表紙に「岐阜版」とあり
「東アジア反日武装戦線」を救援する会通信	東アジア反日武装戦線を救援する会	7月(準備号) ⇩ 1976年10月20日(2号)		3号。創刊号は，1976年5月刊
黒色戦線通信		7月? ⇩		
海燕 (うみつばめ)	「無政府主義運動」刊行会 (東京・清瀬)	8月5日 ⇩	松本勲	不定期通信紙
れんげ通信	(京都・宇治)	10月 ⇩	大江音人(北村信隆)	
pq(ピク)/自前主義者のカタログピク	(東京・浜田山，梅丘/福岡・粕屋郡)	11月30日 ⇩ 1982年8月10日(11号)	山部嘉彦(個人誌)	
同時代人	同時代人社 (青森)	この年(3号)	地主道生	
野中の一軒家	野中の一軒家 (東京・多摩/世田谷松原)	この年 ⇩ 7月?(2号)	折内和喜，大石，竹下	7号。8号から「共同体社会」に改題。共同体運動誌
KOSMOPOLITO	LIBERECANA ESPERANTO RONDO (東京・蒲田)	この年 ⇩ 1976年3月12日	手塚登士雄，広瀬慎二，戸駒恒世，吉川	事務所は，エンリコビル内
黒色通信	黒色戦線社 (群馬・伊勢崎)	この年 ⇩ 1975年6月30日(2号)	大島英三郎/向井孝	
被告人だより	72.2.14 龍大「パトカー襲撃」事件被告団	この年 ⇩		
告発ニュース	宮城教育大学アナキズム研究会	この年		4，7，9-12号を確認

1976（昭和51）年

松原の一軒や/地人風	海王堂出版局，松原の一軒や/あめいばあの会（埼玉・草加）	1月⇩3月（2号）	中原蒼平	2号から『地人風』と改題
労働者の連帯	地域労働運動研究会/地域労働運動評議会（東京・桐ヶ丘）	2月20日⇩1980年（10号）	前野	5号からは三月社気付（東京・新宿）
ふらん	ぐるうぷ ふらん	2月（9号）	編・発・京陽出美/寺島珠雄	
岳麓労働・富士宮版	富士地区合同労組富士宮居住分会（静岡・富士宮）	2月⇩4月（3号）	福田武壽	新聞
処女地帯頭脳戦線	（秋田）	2月号⇩3月号	制作発送・草階俊雄	「処女地帯」後継誌。月刊志向誌。2号分確認。草階が頭脳戦線と処女地帯の仕事を兼ねて出した新雑誌。のち「頭脳戦線」に吸収
らっかさん	自衛官と連帯し習志野基地を解体する会（千葉・市川）	3月15日⇩	古沢宣慶	浄鏡寺蓮華庵内
ジャクリイ通信	ジャクリイ社（大阪・住吉）	3月｜6月		2号分確認
黒連	日本黒色連盟（東京・中野，立川，保谷/新宿・月の輪出版，三月社）	4月1日⇩1980年7月15日（20号）	西塔昌弘，八谷重夫，松本勲	号外（1976年5月1日・10月9日，77年5月29日・7月，78年3月26日・5月20日）あり
社会革命通信	全大阪アナキズム研究会（大阪・釣鐘町）	5月12日	ながすひろまさ	
直接行動	戦争抵抗インターナショナル日本部（大阪・旭町）	5月⇩1977年3月	向井孝	3号

chaos	（神戸）	6月15日 ⇩	戸田/大月健	季刊
大杉栄らの墓誌建立委員会ニュース	大杉栄らの墓誌建立委員会 （静岡・富士）	6月25日 ⇩ 1977年4月16日	福田武寿	1977年5月16日に2度目の終刊号を発行。委員会は，富士地区一般産業合同労働組合内にあった
ゆうみん (遊民 優民 勇民 誘眠 ユーミン)	（川崎）	7月15日(2号)	安斉シゲキ（個人誌）	
無辺光―反科学と生命	無辺社 （大阪・豊中）	7月(2号) | 1977年6月1日 (5号)	持原，根本建命，峰三太，高井卓志，太地基成，太井博，新貝好子，渡月蘭水，岩鬼正美，北山其明，大東滅	2-5号を確認。同人誌。のち同人の伊藤政隆が『衆』を刊行
ノエル＆マリ・ムレイを救援する会通信		8月15日 ⇩		ノエル＆マリ・ムレイは，アイルランドの戦闘的無政府主義者
詩誌アルス （ARS）	ARS社/ARS CLUB （秋田）	8月15日 (第24年 7集169号) | 1998年3月1日 (第51年2集 259号)	草階俊雄/松本勲，池野美千留，一叩人，鈴木秀雄	季刊同人詩誌。「頭脳戦線」より号数継承 259号奥付に「昭和23年4月創刊 北園克衛系」とあり
風見鶏通信	三文評論 （長野）	11月29日(再刊1号〈三文評論改題再刊通算319号〉) ⇩ 1981年	東天紅（個人誌）	1975年7月30日刊の「(秘)風見鶏通信」，1981年2月21日，12月25日刊の『風見鶏通信』，また1982年刊の特別号・号外を5号分確認
あんさんぶれ	全大阪アナキズム研究会 （大阪・釣鐘町）	11月	長州弘雅	『プロレタリアの旗』改題
反公害ひろば通信	反公害住民ひろば事務局 （大阪・神山町）	この年(31号)	笠田七尾	
かんらんしゃ	（千葉）	この年(18号)	岡村正幸（個人誌）	
共同体社会	共同体社会をつくる会 （東京・府中）	この年(8号) ⇩ この年7月 (9号)		『野中の一軒家』改題。コミューン志願者の運動誌

（1976年）

ほんじゃまあ	（堺市）	この年(8号) ｜ 1977(23号)	篠田修(個人紙)	
難破船	らくがき愛好会 （沖縄・那覇）	この年(5号)		
デパート日記	（東京・北大塚）	この年(5号)	上村滋(個人通信)	
葦刈る/あしかる	キネマ舎(ごや)・あしかる （埼玉・草加）	この年(4号)		松原の一軒やの内
はんげき	はんげき編集委員会 （札幌）	この年(3号) ｜ 1977年(4号)		反天皇情報紙
ジャクリイ通信	アナキスト革命戦線(大阪)	この年(2号)		
一羽のつばめ	（千葉・市川）	この年(2号)	古沢宣慶(個人誌)	
反天皇制通信	日本黒色連盟/反天皇制小組（東京・新宿）	この年 ⇩ 1977年10月5日(4号)	原田めぐみ(月の輪出版)	
週刊ガリガリ	（兵庫・波賀町）	この年(1号)	鈴木みちお	野尻小学校学級通信
世直し大学通信	（大阪・北同心町）	この年(1号)		事務所は，現代文化センター内
鹿島市民しんぶん	鹿島市民しんぶん事務局 （茨城・鹿島町）	この年		事務局は，鹿島更生園内
ゲルピンパス	（神戸市・葺合）	この年	平田隆(個人紙)	
会報	安保拒否百人委員会・まだ名前のない学校（川崎）	この年	河辺岸三	
堺住民の会会報	泉州沖に空港を作らせない堺住民の会 （大阪・堺）	この年	村本	
亡羊	亡羊の会 （大津）	この年	宮田正平	詩誌

1977（昭和52）年

海坊主	（東京・利島）	2月11日 ⇩	杉山亮（個人紙）	
CORDON NOIR	CORDON NOIR社 （東京・杉並）	4月 ⇩	鈴木	
プラタナス	プラタナスの 会	5月 ⇩ 9月	編・暮尾淳，新谷行／梅田智江， 黒川洋	2号
政経タイム ス	政経タイムス 社（秋田・大 曲）	6月10日（号外 〈525号〉）	田島正止	月3回発行。1962年12月5 日第三種郵便物認可
冥府通信		6月15日 ⇩ 12月1日（3号）	竹中労	竹中労個人パンフレッ ト，不定期刊
民主経済	（名古屋）	6月（221号） ｜ 1980年 （247号）	松井不朽	『ナゴヤ経済界』改題
あるはなく	八木秋子通信 （東京・小平）	7月 ⇩ 1983年5月	相京範昭	17号
パドマ	（京都・宇治）	9月（7号）	大江音人（北村信隆）	
「愚童を偲 ぶ会」回覧 板	「愚童を偲ぶ 会」準備会／ 「愚童を偲ぶ 会」（東京・ 後楽）	10月20日 ⇩ 1981年12月 20日（7号）	白井新平	「愚童を偲ぶ会」の連絡先 は，シライビル（東京・後 楽）
江川さんを 救援する会 ニュース	江川さんを救 援する会 （東京・小金井）	12月 ⇩ 1978年1月	時田昌瑞	他に「あるフレームアッ プ」（1976年10月），「6・7公 判報告」（1978年6月）があ る

1978（昭和53）年

つゆくさ通 信	原子力はごめ んだ！関西連 絡会（大阪・ 中崎西）	1月 ⇩ 1978年8月 （5号）	向井孝	事務所は，日消連関西グ ループ気付
ムガリ通 信／無我利 通信	無我利道場 （奄美大島）	2月 ⇩ 1985年3月 （30号）		不定期刊

(1978年)

魚里人（イザトンチュウ）	無我利道場（奄美大島）	3月10日 ⇩ 1979年4月1日 （2号）	編・山田塊也	
NAMAZU（鯰）	編集「ナマズ」集団、戦争抵抗者インター日本部・WRI日本部（大阪・旭町）	4月20日 ⇩ 8月（3号）	向井孝, Hans Endy	4号まで確認。英文情報誌。特別号あり（1984年5月）
山陰地方委員会会報	日本無政府主義者連盟山陰地方委員会	4月（6号） ｜ 6月（7号）		
リベーロ（東京）	リベーロ社（京都）、リベーロ編集部（東京・高円寺/横浜）	5月1日（46号） ⇩ 1988年12月（155号）	発・羽熊直行, 編・佐藤徹	月刊情報紙。「月刊リベーロ」の号数継承。東京のリベーロ・グループが編集。第三種郵便維持のため京都の発行所・発行人名を残す。最後の2号は九州で編集
無政府通信	ARF	5月		
N・D通信	N・Dの会（神戸非暴力直接行動の会）	7月24日（2号）	辻本望	「WriNewsLetter海賊版（戦争抵抗者インター日本部WRI-神戸）」神戸N・Dの会, 辻本望（1978年11月8日）あり
おさきまっくら	日高に原発をたてさせへんぞ！電気料金不払い連合（大阪・神山町/堺）	11月25日（2号） ｜ 1984年2月25日（49号）	向井孝	
日高速報	（大阪・旭町）	この年（3号）		アサヒ荘気付。和歌山日高町計画中の原発反対

1979（昭和54）年

10.26反原子力の日実行委だより	原子力はごめんだ！'79行動実行委員会（大阪・中崎西）	9月（2号）	.	連絡先は、日消連気付原子力はごめんだ！　関西連絡会（略称・原関連）
反帝反日通信	反帝反日通信編集委員会	10月 ⇩ 1980年7月（特別号）		3号(1, 2, 特別号)

ネコの伝言	(大阪・旭町)	12月12日 ⇩	麿泫一個人通信紙	荒井まり子支援。ウリ気付
広島無政府新報	広島無政府主義研究会 （広島）	この年(7号) | 1988年8月15日(42号)		
通信	鈴木靖之を考える会 （北茨城）	この年(2号)	吉田	
コミュンヒロバ・みに	コミュン百人委員会 （大阪・玉津）	この年 ⇩		『コミュンヒロバ』再刊のための前段版

1980（昭和55）年

天皇制研究	天皇制研究編集委員会/JCA出版	1月1日 ⇩ 1986年8月	発・根来弘/山泉進, 久保隆, 山本ひろ子	10号
あさひまち反原発新聞	サルートン社 （大阪・旭町）	2月27日 ⇩	向井孝	
リベルテールの会・さろん通信	（東京・新宿）	3月(4号)	発・よしばまさとし	

1981（昭和56）年

連帯	AITに連帯する会・日本連絡センター （東京・新宿・三月社）/労働者連帯運動（中野/新宿・ムルース社/三崎町・現代思想社）	3月10日 ⇩ 1990年6月5日 （30号）		AITに連帯する会・日本連絡センター機関紙
黒色救援会通信/黒救	黒色救援会 （京都）	3月 ⇩ 6月1日(2号)	田代学	

（1981年）

東アジア反日武装戦線への死刑・重刑攻撃粉砕 控訴審をたたかう支援連絡会議ニュース/支援連ニュース	東アジア反日武装戦線への死刑・重刑攻撃とたたかう支援連絡会議（東京・西日暮里）	4月30日 ⇩ 2024年2月24日（432号）		432号（継続中） 432号の表紙に「追悼・桐島聡さん」とあり
逆徒	底辺共闘〈準〉（東京）	6月25日（準備号）｜9月	芹沢康	2号。ペスト社気付
アナキズム2次		9月10日1号（通巻22号） ⇩ 1984年6月25日（25号）		4号（通巻25号）。『アナキズム』第一次（1981年5月10日終刊）後継
虚無思想研究	「虚無思想研究」編集委員会（京都）	12月15日 ⇩ 2005年2月25日（19号）	大月健，久保田一	20号（終刊号）は，浮遊社（福岡）から単行本として刊行（2021年7月20日）号外（1985年6月）あり
WRI-Young News/ウリヤング	戦争抵抗者インター若者グループ/グルーポ・ウリヤング（大阪・旭町）	12月15日 ⇩ 1982年4月25日（3号）	立木弘	
死刑と人権	死刑廃止関西連絡センター/かたつむりの会（大阪）	この年（3号）｜2024年1月（214号）		214号（継続中）題字は向井孝
KGA通信	KGA・神戸現代アナキズムの会（神戸）	この年 ⇩ この年（2号）	平山忠敬，高島洋，小黒基司，前田幸長，本多	
黒旗の下に	黒旗の下に発行所	この年	白井新平	号外のみ確認

1982（昭和57）年

逆徒通信	底辺共闘（準）（東京・荒川）	6月27日 ⇩ 1984年4月（10号）		10号。ペスト社気付

ハラハラ大集会ニュース	はらはら実行委・9.5実行委 （大阪・堺/旭町）	7月15日 ⇩ 9月15日	向井孝, 谷口栄一	5号。ハラハラ大集会（1982年9月5日, 於・三和会館ホール〈大阪・上六〉）のためのニュース。主催・東アジア反日武装戦線に連帯し, あるいは異同を超えて支持支援し, またはその死刑重刑攻撃に反対し, その他野次馬でも何でも, ともかく関心をよせる者みんなの大連合
ハラハラ通信	ニジの会 （大阪）	11月10日 ⇩ 1987年4月6日 （51号）	向井孝, 江口由紀子	東アジア反日武装戦線の死刑重刑攻撃を許さない！支援連ニュースを読む会

1983（昭和58）年

やってない俺を目撃できるか！─大森勝久君への死刑攻撃を打ちくだこう	北海道庁爆破デッチ上げ裁判死刑求刑を許さない連絡会議/森を守る会	1月28日 ⇩ 1994年?		
遺言 （岐阜版）	蚕の社 （岐阜）	2月1日（70号） ⇩ 1984年4月1日 （84号）	15号/中島康允の『遺言』（全69号）を号数ともに引き継ぐ。『遺言』（練馬版）に継承	
共同文庫通信	無政府共同文庫 （大阪・淀川区）	3月24日 ⇩ 1984年（5号）		
Pensieroぺんしえろ	戦争抵抗者インター（WRI）鹿児島 （鹿児島・串木野）	3月 ⇩ 1984年7月15日（3号）	立木弘	
4.29実行委NEWS	天皇がなんか気になる日4.29エレーヌアイアンクラウドと反日・反国家を語る実行委員会 （大阪・旭町）	5月（3号）		3号

（1983年）

自由人講座新聞	（東京）	10月13日 ⇩ 1984年2月1日（2号）	富澤淳一，伊藤博康，吉田猛，平田明紀，今西康二，佐藤徹，山田崇正，北條孝，林幸三，金井保広，大浜，安西	
逆徒通信越冬版	底辺共闘（準）（東京・荒川）	12月25日 ⇩		ペスト社気付

1984（昭和59）年

ゴジラ字報	ゴジラ社（東京・南元町）	2月1日		1号のみ確認。『自由人講座新聞』（2号）添付紙
O! ARBARO!〔大森くんよ！〕	もりの会（大阪・旭町）	2月10日 ⇩ 8月1日（3号）	水田ふう/向井孝	大森勝久支援。ウリ気付。ARBAROは，エスペラントで「森」の意味
遺言（練馬版）	蚕の社（東京・練馬）	5月1日		1号/『遺言』（岐阜版）の後続。『遺言』（巣鴨版）に継承
LIBERON OHMORI	WRI-JAPAN（大阪・旭町）	5月	ITO Akiyohi（京都）	NAMAZU特別号
遺言（巣鴨版）	蚕の社（東京・巣鴨）	6月1日（86号）｜1985年11月1日（102号）	柏木隆法/後藤耕作，遠藤誠，千代丸健二，久米茂，田中英夫，中村克郎，畠田真一，いいだもも，しまねきよし，斎藤英子	17号（通巻102号）『遺言』（練馬版）の後継
新もぐら通信	新もぐら通信社（東京・国分寺）	7月1日（6・7合併号）	西田秀夫	表紙に「Los Topos Nuevos」とあり
パシナ	パシナ発行所（東京・小平）	11月1日 ⇩ 1998年11月1日	相京範昭	6号
季刊自由人	（東京・高円寺）	11月26日 ⇩	伊藤博康	2号まで確認。『自由人講座新聞』改題
実践非暴力行動シリーズ	WRI-JAPAN	この年 ⇩ 1988年	水田ふう，向井孝	3号。1号『ハウ ツー ビラ爆弾』，2号『ハウツー念仏デモ』（1985年2月14日），3号『女と反原発』
赤と黒の旗の下に	労働者連帯運動	この年（3号）		3号のみ確認
底辺共闘	底辺共闘（山谷）	この年		ペスト社気付

1985（昭和60）年

反日タコヤキ団NEWS	なにわ反日興行	6月5日（6号）		
8・6ヒロシマ無政府主義者全国集会実行委ニュース	広島無政府主義研究会	6月 ⇩ 7月22日 （2号）		
アンタレス	「アナキストの文学」研究会/アンタレス編集委員会/アンタレスの会 （東京・三崎町/八王子）	この年 ⇩ 1995年7月20日（4号）	編集同人・遠矢徹彦，森一蘭，しおざわしげる，水嶋貴美子/宮坂英一	4号。現代思想社気付のち遠矢方

1986（昭和61）年

「8・6ヒロシマ」反戦反国家集会実行委ニュース	「8・6ヒロシマ」反戦反国家集会実行委員会 （大阪・淀川）	3月 ⇩ 7月（3号）	吉岡文春（広島事務所）	
朝賣新聞	朝売新聞大阪本社　（堺・ニジの会）	5月11日	向井孝	「朝賣新聞・速報」（1986年4月20日〈『イオム通信』302号内〉）
反日博実行委ニュース	反日やじ馬大博覧会実行委員会事務局 （大阪・堺）	6月20日 ⇩ 9月7-8日	江口由紀子，向井孝	6号。ニジの会気付。1986年9月14日大阪中之島中央公会堂で開催の「反日やじうま大博覧会」準備ニュース
速報	反日やじ馬博実行委事務局 （大阪・堺）	7月14日（2号）	向井孝	虹の会気付
1000人集会速報	反日ヤジ馬博実行委事務局 （大阪・堺）	8月8日（4号） ⇩ 9月8日	向井孝	10号。ニジの会気付
逆徒通信	逆徒通信編集委員会 （東京・荒川）	10月25日 （101号） ⇩ 1989年2月24日（108号）		『逆徒通信』（1982-84）再刊。不定期刊
黒色火薬通信	黒色火薬通信社	この年	芹沢康	1号

（1986年）

黒蜥蜴		この年?		

1987（昭和62）年

加藤一夫研究	加藤一夫研究会　（横浜）	3月1日 ⇩ 1997年11月20日	編・発・加藤一夫研究会。4号から加藤一夫記念会	6号
反戦反国家通信	「8・6ヒロシマ」反戦反国家集会実行委員会（大阪・淀川）	4月5日 ⇩ 1991年7月20日（12号）	吉岡文春（広島連絡先）	黒猫舎気付
キタコブシ	（東京・西東京）	5月20日 ⇩ 2017年11月2日	大道寺ちはる，太田昌国	178号。大道寺将司くんと確定死刑囚と社会をつなぐ交流紙
カストリアディス研究会会報		11月20日 ⇩ 1991年9月	西田秀夫	20号 タイトル『創造力が社会を創る』掲載号あり

1988（昭和63）年

相互扶助	相互扶助推進協議会（大阪・西成）	5月1日（3号）｜9月5日（8号）		連絡先は労働者食堂
自立と連帯（A・S〈アナルコサンジカリスト〉ネットワーク）	MLS/ AIT・自立と連帯編集部（東京・日野）	7月1日 ⇩ 11月1日（3号）	小川	
自由意志	アナキスト連盟（準備会）/アナキスト連盟　（大阪/京都/東京）	7月10日 ⇩ 2014年2月15日		122号。アナキスト連盟機関紙

1989（昭和64・平成1）年

論争	カタロニア社/土佐出版社　（高知）	2月25日 ⇩ 1991年8月1日	編・大沢正道，発・国則三雄志/大門一樹，寺島珠雄，加藤茂，柏木隆法，暮尾淳	5号。季刊。発売・ぱる出版（1号のみ）
労働者の自治と連帯	労働者連帯運動全国協議会	2月		

速報	（青森・六ケ所村，愛知・犬山）	12月12日（17号のふろくのふろく）	向井孝	19号。六ケ所村村長選挙・高梨酉蔵支援
絶対自由共産主義	国際労働者協会・日本セクション，労働者連帯運動・東京地方委員会（労働者連帯運動・東京）	12月20日⇩2003年9月1日（4号）		アナルコ・サンジカリスト・ジャーナル

1990（平成2）年

"号外新聞"不敬罪ガサ国賠ニュース	ウリジャパン（愛知・犬山）	2月4日⇩1991年1月25日（5号）	水田ふう，向井孝，江口由紀子	
騒	騒の会（東京）	3月⇩2014年12月31日	暮尾淳	100号。季刊。詩誌
沓谷だより	大杉栄らの墓前祭実行委員会（静岡）	8月⇩2003年8月1日	市原正恵	20号。年二回刊。特別号『自由の前触れ』1993年9月16日復刊『沓谷だより』（1-12号〈全12号〉，2014年9月1日-2023年7月1日，編・発・小池善之）あり
坑暮屡通信	（神奈川・座間）	11月11日⇩	編・黒川洋，発・川口洋三	
低人通信2次		この年⇩1999年5月17日（42号）	寺島珠雄（個人通信紙）	42号

1991（平成3）年

寒中死刑大会ニュース	かたつむりの会　2.24プロジェクトチーム（大阪）	1月29日（2号）	水田ふう	3号を確認
脱原発テント村速報しんぶん	テント村新聞社（大阪・中の島）	5月25日⇩6月30日	発・奥村悦夫（今治），編・文責・向井孝	8号＋終刊号8-2。準備0号は，1991年5月21日。他にファックス通信4号（6月21-25日）

1992（平成4）年

風	（愛知・犬山）	7月22日 ⇩ 2011年1月 1日（51号）	水田ふう	51号
BURST CITY	A. R. P（Anar- chist Revolu- tion Project) （京都）	8月1日 ⇩ 1996年4月 6日（20号）		世界革命運動情報。For Revolutionary Resistance

1993（平成5）年

Actual Ac- tion（事実 行為）	Actual Ac- tion編集委員 会 （東京/京都）	1月 ⇩ 1994年8月1日		4号
リアン	リアンの会 （東京・立川）	2月10日 ⇩ 12月18日	発・西田秀夫/古川雅子，峯桂， 黒部猿田彦，橋場洋三，犀川 麟（遠矢徹彦），小池良次，宮 坂英一，薮下祐良，下光義則	3号
Le Libertaire	リベルテール 舎　　（東京・ 　　大泉学園）	3月 ⇩ 1997年1月1日 （28巻1号， 通巻241号）	萩原晋太郎	
WARRIOR	A. R. P（Anar- chist Revolu- tion Project) 通信　（京都）	この年 ⇩ 1995年3月 15日（7号）	田代学	Newsletter from Revolu- tionary Anarchists

1994（平成6）年

Anarchist independ- ent Review	（東京/東京・ 西荻窪）	1月24日 ⇩ 2001年4月 14日	編・発・中島雅一	10号
Laborista Solidare- co—労働者 の連帯	アナルコ・サ ンジカリス ト・ネットワ ーク （東京・日野/ 　　町田）	6月30日 ⇩ 2005年1月 25日（25号）	小川哲生，塙輝隆	

| コスモス倶楽部 | コスモス忌世話人会（東京・新宿） | 11月19日 ⇩ 2023年11月18日（27号） | 坂井てい | 27号（継続中） |

1995（平成7）年

| 文献センター通信・リベーロ | リベーロ編集部/文献センター（東京・本塩町） | 2月15日 ⇩ 1996年3月15日 | 佐藤徹，奥沢邦成，伊藤博康 | 5号 |
| 自由経済研究 | ゲゼル研究会/ぱる出版（東京） | 10月 ⇩ 2021年4月（50号） | 森野栄一 | |

1996（平成8）年

| パンドラの箱（Pandora skatolo） | 八王子エスペラント会（東京・八王子） | 2月20日 ⇩ 1999年1月28日（48号） | 青島茂 | |
| 東京アナキズム | 東京アナキズム編集部，法政大学アナキズム研究会（東京） | 6月（2号） | 芝庭克也 | 2号のみ確認 |

1997（平成9）年

黒の学校	AAAの会（東京）	1月27日 ⇩ 1998年6月20日（17号）	芹沢康，李，中島雅一，奥沢邦成	
唯一者	「唯一者」発行所（京都）	4月15日 ⇩ 2014年10月31日	大月健（個人誌）	13号
叛	レボルト社（東京・新宿）	6月1日 ⇩ 1999年春	山口健二	6号。アナキズム総合季刊誌
木学舎だより	（埼玉・本庄）	9月29日 ⇩ 2007年4月4日（8号）	山口晃（個人誌）	8号。石川三四郎研究・季刊個人誌

EXPAN-SION OF LIFE（EOL）	遊動社（東京·江東）	この年 ⇩ 2006年12月5日	成田圭祐	15号

1998（平成10）年

ガラガラへび―知的インフラ通信1次	ガラガラへび―知的インフラ通信編集委員会/ぱる出版（東京）	9月15日 ⇩ 2022年1月25日（278号）	大澤正道，奥沢邦成，山本光久	278号。月刊 279号（2022年2月25日）が2次創刊号 継続中（303号〈2024年2月25日〉）
日本アナキズム運動人名事典編集委ニュース	「日本アナキズム運動人名事典」編集委員会/ぱる出版（東京）	12月28日 ⇩ 2004年3月19日	向井孝，水田ふう，中島雅一（1-13号〈2000年2月24日〉），亀田博，津田透（14〈2000年5月19日〉-31号）/大澤正道，奥沢邦成，川口秀彦，黒川洋，手塚登士雄，冨板敦	31号 『日本アナキズム運動人名事典〈テスト版〉』（ぱる出版）を1999年11月27日に刊行
会報秋水/秋水通信	幸徳秋水研究会（高知·中村）/幸徳秋水を顕彰する会（高知·四万十）	この年 ⇩ 2023年12月20日（36号）	田中全	36号（継続中）2016年『秋水通信』と合併

1999（平成11）年

美	ソオル社（東京·練馬）	2月3日 ⇩ 2005年8月3日（8月号，第7巻8号，通巻154号）	唐沢隆三（手づくり個人誌）	154号
いのしし	自由いのしし村（神戸）	7月4日 ⇩ 2000年4月25日（7号）	平山忠敬（個人通信）	
自由思想	（東京）	7月29日 ⇩ 8月20日	亀田博	4号。アナキズム事典編集委「研修·交流」会ニュース
のら猫亭通信	（神奈川·座間）	9月26日（存在ゼロ号）	発·川口洋三，編·黒川洋，制作·晧星社	

2000（平成12）年

黒 La Nigreco	（東京・西荻窪）	7月1日 ⇩ 2004年6月6日	中島雅一，水田ふう，向井孝	10号
ぶらつく通信	寺島珠雄事務所	7月22日 （0号）	編・武内祐樹，紫村美也/黒川洋，日野善太郎，早野茂夫，松尾茂夫，石野覺，三井葉子，小沢信男，小山和郎，向井孝	寺島珠雄事務所通信

2001（平成13年）

アナキズム	『アナキズム』誌編集委員会 （東京）	12月25日 ⇩ 2015年5月25日（19号）		

2002（平成14年）

遊動社/ U-DO-SHA	遊動社 （東京・江東）	5・6月号 ⇩ 2004年 （12・夏号）	成田圭祐	

2004（平成16）年

ゆう	自由誌「ゆう」の会　（神戸）	8月1日 ⇩ 2012年11月1日	小黒基司，前田幸長，村瀬博之，平山忠敬	20号
ゆう通信	自由誌「ゆう」の会　（神戸）	9月10日 ⇩ 2010年6月30日（11号）	小黒基司，前田幸長，村瀬博之，平山忠敬	テスト版（2004年6月10日）あり
抵抗者	海外派兵をやめろ！　戦争抵抗者の会 （東京・新宿）	11月20日 ⇩		

2005（平成17）年

トスキナア	トスキナアの会/皓星社 （東京）	4月15日 ⇩ 2014年10月15日	大澤正道，亀田博，川口秀彦，黒川洋，津田透，手塚登士雄，冨板敦，渡辺雅哉/皓星社：藤巻修一，原島峰子，晴山生菜	20号。年2回。『トスキナア（準備号）』（ぱる出版）は2004年9月11日刊

(2005年)

サルートン通信	(愛知・犬山)	11月 ⇩ 2009年8月9日	水田ふう ・	2号

2006（平成18）年

文献センター通信/アナキズム文献センター通信（CIRA-JAPANA NEWS-LETTER）	アナキズム文献センター（新宿/静岡・富士宮）	11月18日 ⇩ 2023年12月25日（67号）	佐藤徹，奥沢邦成（1号-），古屋淳二，成田圭祐（18〈17〉号-），山口智之，高橋幸彦，奥沢（46-51号），古屋，成田（52号-）	67号（継続中） 52号から「アナキズム文献センター通信」に改題

2007（平成19）年

おさきまっくろ	ウリージャパン（戦争抵抗者インター日本部）（愛知・犬山）	2月14日 ⇩ 2008年2月	水田ふう/中島雅一，坂口誠也，橋本はな	4号

2008（平成20）年

自由労働者連合（BOT-TOMS）	自由労働者連合（大阪・西成）	夏 ⇩ 2022年3月6日（22号）	松原秀晃	Newsletter from the Free workers' federation/la Federacio de Chifon Proletoj

2010（平成22）年

TONGUE CONFU-ZINE	遊動社（東京）	この年 ⇩	成田圭祐	

2011（平成23）年

寺島珠雄書誌目録刊行会会報	寺島珠雄書誌目録刊行会（岡山・赤磐）	11月15日 ⇩ 2012年4月20日	発・中岡光次，編・前田年昭	4号

2012（平成24）年

鵜飼町から	（愛知・犬山）	1月 ⇩ 2013年3月3日	水田ふう（個人通信）	5号
木菟庵便り	木菟庵 （埼玉・本庄）	3月29日 ⇩ 2018年6月 28日	山口晃	10号。Thoreauvian notes
日本アナキズム運動人名事典編集委ニュース	日本アナキズム運動人名事典編集委員会/ぱる出版 （東京）	12月1日 ⇩ 2013年2月1日	奥沢邦成，津田透/白仁成昭，川口秀彦，手塚登士雄，冨板敦	2号。『トスキナア』終刊後の『増補改訂 日本アナキズム運動人名事典』編集委員会通信

索　引

（▷印は1945-2012年刊行）

は行

復刻版リスト

紙誌リスト中で復刻された紙誌を以下に一覧とする（2023年現在）。

紙 誌 名	刊行年	復 刻 版
赤と黒	1923	冬至書房1963，戦旗復刻版刊行会1978
アナキスト・クラブ	1951	『戦後アナキズム運動資料（3巻）』緑蔭書房1988に収録，『アナキストクラブ機関紙合本』黒色戦線社1991
アナキストクラブニュース	1969	『戦後アナキズム運動資料（8巻）』緑蔭書房1990に収録
アナキスト詩集	1929	戦旗復刻版刊行会1983
アナキズム	1952	『戦後アナキズム運動資料（4巻）』緑蔭書房1988に収録
アナキズム	1961	『戦後アナキズム運動資料（6巻）』緑蔭書房1988に収録
アフランシ	1951	『戦後アナキズム運動資料（7巻）』緑蔭書房1988に収録
アメリカプロレタリア詩集	1931	戦旗復刻版刊行会1983
ARS	1915	日本近代文学館1970
一隅より	1920	緑陰書房
イントレピット四人の会	1969	『ベ平連ニュース（合本縮刷版）』ベ平連1974に収録
大阪水平新聞	1925	『初期水平運動資料集』不二出版1989
大阪平民新聞	1907	明治文献資料刊行会1962
解放（1次）	1919	八木書店1982（マイクロ版）
解放（2次）	1925	八木書店1982（マイクロ版）
解放戦線	1930	緑蔭書房1990
科学と文芸	1915	不二出版1987
革命評論	1906	明治文献資料刊行会1962

学校詩集	1929	麦書房1981，戦旗復刻版刊行会1983
家庭雑誌	1903	不二出版1983
火鞭	1905	不二出版1985
関西水平新聞	1929	『初期水平運動資料集』不二出版1989
感情	1916	冬至書房新社1979
関東水平運動	1923	『初期水平運動資料集』不二出版1989
九州自由共産新聞	1951	『戦後版・平民新聞（コピー版）』黒色戦線社1983，『戦後アナキズム運動資料（1巻）』緑蔭書房1988
九州地協ニュース	1952	『戦後アナキズム運動資料（8巻）』緑蔭書房1990に収録
虚無思想研究	1925	土佐出版社1986
近代思想（1次）	1912	黒色戦線社1982，不二出版1982
近代思想（2次）	1915	黒色戦線社1982，不二出版1982
近代婦人	1932	緑蔭書房1991
草の根通信	1972	すいれん舎2006-2008
熊本評論	1907	明治文献資料刊行会1962
黒旗	1930	黒色戦線社1987
黒旗	1932	1-3号は『農村青年社事件・資料集Ⅱ』農村青年社運動史刊行会1991に収録
クロハタ	1956	黒色戦線社1984，『戦後アナキズム運動資料（2巻）』緑蔭書房1988に収録
黒旗ニュース	1930	『黒旗』黒色戦線社1987
黒旗の下に	1932	黒色戦線社1984
クロポトキンを中心にした 芸術の研究	1932	戦旗復刻版刊行会1978
警鐘	1920	不二出版1988
GE・GJMGJGAM・PRRR・ GJMGEM	1924	不二出版2008
原始	1925	不二出版1990
現社会	1923	『金子文子・朴烈裁判記録』黒色戦線社1991に収録

建設者	1922	法政大学出版局1972
個	1963	黒色戦線社1984
衡報	1908	『原典中国アナキズム史料集成(第7巻 衡報)』緑蔭書房1994
黒煙	1919	近代文学資料保存会1963, 不二出版1992
黒色青年	1926	黒色戦線社1975
黒色戦線(1次)	1929	黒色戦線社1975
黒色戦線(2次)	1931	黒色戦線社1988
黒色農民新聞	1932	『農村青年社事件・資料集Ⅱ』農村青年社運動史刊行会1991に収録
黒戦	1930	黒色戦線社1988
黒濤	1922	『金子文子・朴烈裁判記録』黒色戦線社1991に収録
小作人(1次)	1922	黒色戦線社1989
小作人(2次)	1922	黒色戦線社1989
小作人(3次)	1926	黒色戦線社1989
国家社会主義	1919	不二出版1984
犀	1929	故園荘1974-77
サークル村	1958	不二出版2006
JAF関西地協ニュース	1956	『戦後アナキズム運動資料(8巻)』緑蔭書房1990に収録
JAF連盟ニュース	1966	『戦後アナキズム運動資料(8巻)』緑蔭書房1990に収録
支局だより	1949	『戦後版・平民新聞(コピー版)』黒色戦線社1983
詩原	1940	久山社1988
詩・現実	1930	教育出版センター1979
詩行動	1935	戦旗復刻版刊行会1979
詩作	1936	戦旗復刻版刊行会1979
詩人	1936	戦旗復刻版刊行会1979
詩精神	1934	戦旗復刻版刊行会1978
社会改良	1917	法政大学出版局1977

社会思想	1922	法政大学出版局1981-82
社会主義	1920	不二出版1982
社会主義研究	1906	明治文献資料刊行会1963
社会新聞	1907	『週刊社会新聞（Ⅰ・Ⅱ）』明治文献資料刊行会1962
社会問題研究	1919	社会思想社1974-75
ジャテック通信	1971	『ベ平連ニュース（合本縮刷版）』ベ平連1974に収録
自由	1924	『初期水平運動資料集』不二出版1989
週刊平民新聞	1903	創元社1953-58，明治文献資料刊行会1962，近代史研究所1982
自由共産新聞	1951	『戦後版・平民新聞（コピー版）』黒色戦線社1983，『戦後アナキズム運動資料（1巻）』緑蔭書房1988
自由共産新聞エスペラント版	1951	『戦後版・平民新聞（コピー版）』黒色戦線社1983
自由共産新聞九州版	1951	『戦後版・平民新聞（コピー版）』黒色戦線社1983，『戦後アナキズム運動資料（1巻）』緑蔭書房1988
自由思想	1909	『熊本評論』明治文献資料刊行会1962に収録
自由思想	1960	黒色戦線社1989
自由思想研究	1960	『自由思想』黒色戦線社1989
自由人（1次）	1920	緑蔭書房1994
自由人（2次）	1922	緑蔭書房1994
自由人	1930	創刊号のみ『農村青年社事件・資料集「別冊・付録」』農村青年社運動史刊行会1997に収録
自由新聞	1925	『初期水平運動資料集』不二出版1989
自由新聞	1926	『初期水平運動資料集』不二出版1989
自由連合	1962	黒色戦線社1984，『戦後アナキズム運動資料（2巻）』緑蔭書房1988に収録
自由連合/自由連合新聞	1926	海燕書房1975

職業婦人	1923	不二出版1990
女性改造	1922	雄松堂出版2002(マイクロ版)
女性同盟	1920	ドメス出版1985
自連新聞ニュース	1935	7月号のみ『自由連合・自由連合新聞』海燕書房1975に収録
新紀元	1905	明治文献資料刊行会1961
新興農民詩集	1930	戦旗復刻版刊行会1983
新社会	1915	不二出版1982
新社会評論	1920	不二出版1982
信州自由連合	1932	『農村青年社事件・資料集Ⅱ』農村青年社運動史刊行会1991に収録
新世紀	1907	『中国資料叢書 第6(中国初期社会主義文献集)第1新世界』大安1966
人類愛	1923	『初期水平運動資料集』不二出版1989
水平	1922	世界文庫1969
水平運動	1924	『初期水平運動資料集』不二出版1989
水平新聞(1次)	1924	世界文庫1972
水平新聞(2次)	1925	世界文庫1972
水平線	1924	『初期水平運動資料集』不二出版1989
進め	1923	不二出版1989-90
生活者	1972	社会評論社1976，増補改訂同1979，同2003
生活と芸術	1913	明治文献資料刊行会1965-67
聖戦	1924	『初期水平運動資料集』不二出版1989
青踏	1911	不二出版1983
世界詩人	1925	『コレクション・都市モダニズム詩誌(第4巻ダダイズム)』ゆまに書房2010
世界婦人	1907	明治文献資料刊行会1961
先駆	1920	法政大学出版局1969
全国水平新聞	1927	『初期水平運動資料集』不二出版1989
相愛	1924	『初期水平運動資料集』不二出版1989
造型	1925	『コレクション・都市モダニズム詩誌(第18巻美術と詩Ⅰ)』ゆまに書房2012

祖国と自由	1925	2号4号を小松亀代吉が復刻(1975)，4号は『中浜哲詩文集』黒色戦線社1992に収録
大逆事件の真実をあきらかにする会ニュース	1960	1-48号は，ぱる出版2010
太鼓	1935	久山社1988
第三帝国	1913	不二出版1983
大衆	1926	法政大学出版局1976
大道	1925	緑蔭書房1991
太平洋詩人	1926	『コレクション・都市モダニズム詩誌(第2巻アナーキズム)』ゆまに書房2009
卓上噴水	1915	冬至書房1959
闘ふ農民	1933	『自由連合・自由連合新聞』海燕書房1975に収録
脱走兵通信	1969	『べ平連ニュース(合本縮刷版)』べ平連1974に収録
種蒔き雑記	1924	日本近代文学研究所1961
種蒔く人(1次)	1921	日本近代文学研究所1961
種蒔く人(2次)	1921	日本近代文学研究所1961
弾道(1次)	1930	戦旗復刻版刊行会1978
痴遊雑誌	1935	柏書房1981
直言	1905	明治文献資料刊行会1960
ディナミック	1929	黒色戦線社1974
デモクラシイ	1919	法政大学出版局1969
天義	1907	『中国資料叢書 第6(中国初期社会主義文献集)第2天義』大安1966
東京社会新聞	1908	明治文献資料刊行会1962
東北評論	1908	『熊本評論』明治文献資料刊行会1962に収録
銅鑼	1925	日本近代文学館1978
土地と自由	1922	法政大学出版局1972-75
南海黒色詩集	1932	戦旗復刻版刊行会1983
西浜水平新聞	1925	『初期水平運動資料集』不二出版1989
日刊平民新聞	1907	明治文献資料刊行会1961

日本アナキスト連盟ニュース	1949	3号のみ『戦後アナキズム運動資料(8巻)』緑蔭書房1990に収録
日本アナキスト連盟ニュース	1962	『戦後アナキズム運動資料(8巻)』緑蔭書房1990に収録
日本学芸新聞	1935	不二出版1986
日本社会主義同盟報告	1921	黒色戦線社1981
日本平民新聞	1907	『大阪平民新聞』明治文献資料刊行会1962に収録
日本労働新聞	1919	不二出版1983
女人芸術(2次)	1928	龍渓書舎1981，不二出版1987
農村青年	1931	『農村青年社事件・資料集Ⅱ』農村青年社運動史刊行会1991に収録
農民(1次)	1927	不二出版1990
農民(2次)	1928	不二出版1990
農民(3次)	1929	不二出版1990
農民(4次)	1931	不二出版1990
農民(5次)	1932	不二出版1990
農民自由連合	1930	『小作人』黒色戦線社1989に収録
農民の友	1931	『農村青年社事件・資料集Ⅱ』農村青年社運動史刊行会1991に収録
野火	1926	『初期水平運動資料集』不二出版1989
売恥醜文	1924	1号は『コレクション・モダン都市文化(第28巻ダダイズム)』ゆまに書房2007，4号5号は『コレクション・都市モダニズム詩誌(第4巻ダダイズム)』ゆまに書房2010
白山詩人(1次)	1926	『コレクション・都市モダニズム詩誌(第4巻ダダイズム)』ゆまに書房2010
白山詩人(2次)	1927	『コレクション・都市モダニズム詩誌(第4巻ダダイズム)』ゆまに書房2010
バリケード	1927	『コレクション・都市モダニズム詩誌(第2巻アナーキズム)』ゆまに書房2009
犯罪者の赤い風船	1962	犯罪者同盟機関誌『赤い風船あるいは牝狼

		の夜』前夜社1972に収録
パンと自由	1931	『黒旗』黒色戦線社1989の「付録・解説」に収録
パンと自由	1931	『農村青年社事件・資料集Ⅱ』農村青年社運動史刊行会1991に収録
光	1905	明治文献資料刊行会1960
微光	1914	日本社会運動史研究会1966
ヒドロパス	1925	『コレクション・都市モダニズム詩誌(第4巻 ダダイズム)』ゆまに書房2010
平等新聞	1926	『初期水平運動資料集』不二出版1989
ひろば	1955	『戦後アナキズム運動資料(6巻)』緑蔭書房1988に収録
婦人週報	1915	大空社1994-95
婦人戦線	1930	緑蔭書房1983
太い鮮人	1922	『金子文子・朴烈裁判記録』黒色戦線社1991に収録
文学時代	1929	ゆまに書房1995-96
文芸市場	1925	日本近代文学館1976
文芸公論	1927	日本近代文学館1985
文芸戦線	1924	日本近代文学館1983
文明批評	1918	大正労働文学研究会1980，不二出版1986
平民新聞	1914	黒色戦線社1982
平民新聞	1946	『戦後版・平民新聞(コピー版)』黒色戦線社1983，『戦後アナキズム運動資料(1巻)』緑蔭書房1988
平民新聞〔広島〕	1949	『戦後版・平民新聞(コピー版)』黒色戦線社1983，『戦後アナキズム運動資料(1巻)』緑蔭書房1988
平民新聞〔岡山〕	1950	『戦後版・平民新聞(コピー版)』黒色戦線社1983，『戦後アナキズム運動資料(1巻)』緑蔭書房1988
平民新聞〔大阪〕	1951	『戦後版・平民新聞(コピー版)』黒色戦線社

		1983, 『戦後アナキズム運動資料(1巻)』 緑蔭書房1988
平民新聞(横浜地区)	1951	『戦後版・平民新聞(コピー版)』黒色戦線社 1983
平民新聞〔福岡〕	1951	『戦後版・平民新聞(コピー版)』黒色戦線社 1983, 『戦後アナキズム運動資料(1巻)』 緑蔭書房1988
平民新聞エスペラント版	1951	21号版のみ『戦後版・平民新聞(コピー版)』 黒色戦線社1983に収録
平民新聞附録関西版	1952	『戦後版・平民新聞(コピー版)』黒色戦線社 1983
平民評論	1909	『熊本評論』明治文献資料刊行会1962に収録
へちまの花	1914	近代文学資料保存会1962, 不二出版1984
防長水平(1次)	1924	『初期水平運動資料集』不二出版1989
北緯五十度詩集	1931	戦旗復刻版刊行会1983
マヴォ	1924	日本近代文学館1991
三重水平新聞	1923	労農運動史刊行委員会1975, 不二出版1990
明星(2次)	1921	臨川書店1964
民衆	1918	明治文献1968
民声(1期)	1913	朋友書店1992
民声(2期)	1915	朋友書店1992
民声(3期)	1921	朋友書店1992
民声社紀事録	1917	朋友書店1992
矛盾	1928	緑蔭書房1989
無政府研究	1959	『戦後アナキズム運動資料(6巻)』緑蔭書房 1988に収録
無政府主義運動	1958	『戦後アナキズム運動資料(3巻)』緑蔭書房 1988に収録, 『アナキストクラブ機関紙 合本』黒色戦線社1991
無政府主義会議	1948	1-5, 7, 8号は『戦後アナキズム運動資料(1 巻)』緑蔭書房1988に収録
無政府主義研究	1932	1号のみ『農村青年社事件・資料集II』農村青

		年社運動史刊行会1991に収録
無政府新聞	1955	『戦後アナキズム運動資料(3巻)』緑蔭書房 1988に収録，『アナキストクラブ機関紙合本』黒色戦線社1991
牟婁新報	1900	不二出版2001
燃え挙る心	1922	『初期水平運動資料集』不二出版1989
友愛新報	1912	柏書房1964
友愛婦人	1916	法政大学出版局1978-80
萬朝報	1892	日本図書センター，1983-1993
リベルテ	1954	『戦後アナキズム運動資料(5巻)』緑蔭書房 1988に収録
歴程	1935	日本近代文学館2004
連盟通信	1955	『戦後アナキズム運動資料(8巻)』緑蔭書房 1990に収録
連盟ニュース/日本アナキスト連盟ニュース	1946	7号のみ『戦後版・平民新聞(コピー版)』黒色戦線社1983
連盟ニュース〔山口健二〕	1951	5，7，9，10，11，13号は『戦後アナキズム運動資料(8巻)』緑蔭書房1990に収録
連盟ニュース	1954	1，2号は『戦後アナキズム運動資料(8巻)』緑蔭書房1990に収録
連盟ニュース	1963	『戦後アナキズム運動資料(8巻)』緑蔭書房 1990に収録
労働運動(1次)	1919	黒色戦線社1973
労働運動(2次)	1921	黒色戦線社1973
労働運動(3次)	1921	黒色戦線社1973
労働運動(4次)	1923	黒色戦線社1973
労働運動(4次2号『大杉・伊藤追悼号』雑誌版)	1924	ギロチン社・ネビース社・黒色戦線社の共同出版1971
労働運動(5次)	1927	黒色戦線社1981
労働及産業	1914	法政大学出版局1969-78
労働者新聞	1919	日新書房1969
労働週報	1922	不二出版1998

労働青年　　　　　　　1916　緑蔭書房1990

労働世界　　　　　　　1897　明治文献資料刊行会1963

労働と解放　　　　　　1966　『戦後アナキズム運動資料(8巻)』緑蔭書房
　　　　　　　　　　　　　　　1990に収録

労働文学　　　　　　　1919　不二出版1989

論戦　　　　　　　　　1925　『コレクション・都市モダニズム詩誌(第4巻
　　　　　　　　　　　　　　　ダダイズム)』ゆまに書房2010

ワシラノシンブン　　　1924　不二出版1990

我等　　　　　　　　　1919　法政大学出版局1983-84

あとがき

　本書の刊行のきっかけは，26年前にさかのぼる。

　1998年12月3日，東京・新宿の喫茶店「滝沢」に集った12名（石田友三，大澤正道，奥沢邦成，亀田博，黒川洋，近藤千浪，白仁成昭，冨板敦，中島雅一，西村修，水田ふう，向井孝）が，『日本アナキズム運動人名事典（以下，アナ事典と略）』編集委員会を結成した。

　翌1999年から毎月第4木曜日に東京・四谷の喫茶店「ルノアール」にて行われた編集会議で，同書の巻末付録としての「アナキズム運動史関連機関紙誌リスト」を企画した。

　足かけ7年，60回にわたる編集会議を経て，2004年5月に3098名の「アナキスト」を収載した『アナ事典』（ぱる出版）を刊行。巻末に，編集委員・執筆者の総力をあげての「アナキズム運動史関連　機関紙誌リスト一覧（1912-1940）」を付した。これが本書の第1部である。

　15年後の2019年『増補改訂アナ事典』（6461名収載，ぱる出版）を刊行するにあたり，戦後の紙誌のリストを追加することを決定。2004年版『アナ事典』の「機関紙誌リスト」を最後に整理した経緯から，冨板が戦後の機関紙誌リストを一から作ることになった。そして日本敗戦（1945年）から日本アナキスト連盟解散（1968年）までの「機関紙誌リスト一覧（1945-1968）」を増補版に掲載した。これが本書第2部の前半である。後半の部分は，新掲載のリストとなる。

　本リストをまとめるにあたって使用した資料の提供者は以下のとおりである。

　第1部（1912-1945）は，2004年版『アナ事典』のために，当時同書の編集委員・執筆者の小松隆二，大澤正道，向井孝，寺島珠雄，堅田精司，黒川洋，三原容子，後藤彰信，北村信隆，亀田博の諸氏ほか多くの方々が，独自に作成していた紙誌リストを提供してくださった。

　第2部の前半，『増補改訂アナ事典』掲載のリスト（1945-1968）作成にあたっては，編集委員の奥沢邦成，白仁成昭，川口秀彦，手塚登士雄の諸氏から基本となる資料（『アナキズム』『リベーロ』『リベルテール』他）をご提供いただいた。

第2部の後半(1969-2012)の紙誌を今回収録するにあたっては，アナキズム文献センター(静岡・富士宮)古屋淳二氏の多大なる協力を得た。

　その他，2004年版『アナ事典』の後，増補版に向けて10年間刊行された雑誌『トスキナア』(全20冊皓星社2005-2014年)，また『新編　大杉栄全集』(全13巻ぱる出版2014-2016年)の両編集委員の皆様から多くのご教示をいただいた。季刊『アナキズム文献センター通信』(2006年創刊)，月刊情報紙『アナキズム』(2020年創刊)の編集委員の皆様にもお世話になった。

　多くの方々の惜しみない情報の提供に感謝申し上げる。

　また，本書のために情報と助言をくださった久保隆，宮坂英一，伊藤博康，大和田茂，細谷修平の諸氏にも，合わせて感謝する。

　当方の非力で，創刊日や終刊日，全号数などを調べ尽くせなかった諸紙誌が少なからずある。また，「こんな機関紙があった」と話には聞いていても，情報不足でリスト化できなかった未見のアナキズム機関紙誌も多数ある。いつの日かの本書の増補改訂版に向けて，調査を続けていきたい。

　　2024年4月1日

　　　　　　　　　　　　　　　　　　　　　　　　　　　冨板敦

冨板　敦(とみいた・あつし)
1962年、愛知県一宮市生まれ。
編集者。『大杉栄全集』『日本アナキズム運動
人名事典』(ともにぱる出版)編集委員を経て
現在『大杉栄資料集成』(ぱる出版)、『月刊浄
土宗新聞』『季刊かるな』(浄土宗出版)編集委
員。編著に『鶴見俊輔語録』①②(皓星社2011
年)、『大杉栄年譜』(ぱる出版2022年)、著書
に『出版社内定獲得！』『テレビ局内定獲得！』
(TAC出版2023年)、『これが出る！マスコミ
漢字攻略バイブル』(早稲田経営出版2013年)
などがある。

アナキズム運動 機関紙誌リスト(1912～2012年)

2024年5月27日　　初版発行

編著者　冨　板　　　敦

発行者　奥　沢　邦　成

発行所　株式会社　ぱる出版

〒160-0003　東京都新宿区若葉1-9-16
電話　03(3353)2835(代表)　振替　東京　00100-3-131586
FAX　03(3353)2826　　印刷・製本　中央精版印刷(株)

ISBN978-4-8272-1456-7 C3036